Ludwig Gassner

Rosenheim und dessen Umgegend

Für Fremde und Einheimische

Ludwig Gassner

Rosenheim und dessen Umgegend
Für Fremde und Einheimische

ISBN/EAN: 9783743302488

Hergestellt in Europa, USA, Kanada, Australien, Japan

Cover: Foto ©Andreas Hilbeck / pixelio.de

Manufactured and distributed by brebook publishing software
(www.brebook.com)

Ludwig Gassner

Rosenheim und dessen Umgegend

Rosenheim

und dessen Umgegend.

....

Für

Fremde und Einheimische

mit besonderer

Berücksichtigung des Heilbades Rosenheim

beschrieben

von

Ludwig Gassner,

Privatier und ehem. Badbesitzer dahier.

Rosenheim.

Druck und Verlag der E. Huber'schen Buchhandlung.
1865.

Inhalt.

I. Rosenheim.

Zur Zeit der grossen Eroberungszüge, welche der römische Kaiser Augustus im Jahre 14 vor Christus durch
seine Stiefsöhne Tiberius und Drusus in Tyrol, Graubündten und dem südlichen Bayern unternehmen liess,
führte eine Heerstrasse in nächster Nähe an dem Platze,
auf welchem später Rosenheim entstand, vorüber. Bei
der dort nothwendigen Ueberbrückung des Innflusses,
welche von dem jetzigen Leonhardspfunzen nach dem
$^1/_2$ Stunde von Rosenheim entfernten Langenpfunzen be-
werkstelligt wurde, ward zugleich eine römische Colonie
(Pons Oeni) angelegt. Hiefür sprechen die Auffindung
römischer Urnen in einer Kiesgrube ausserhalb der Behausung des Wagnermeisters bei St. Loretto gegen Haustett, dem vermuthlichen Begräbnissplatze der Römer, —
da ausser den in diesen Urnen befindlichen Aschentheilen
auch Menschengebeine nebst Skeleten von Thieren sich
vorfanden, — sowie ausserdem das unzweifelhafte Be-
standensein einer grossen römischen Töpferei in dem
$^1/_2$ Stunde von Rosenheim entfernten Dorfe Westerndorf,
wo man bei den i. Jahre 1808 angestellten Nachgrabun-
gen in einer Tiefe von 3 Schuhen eine zahllose Menge
von Gefässen, Platten und Röhren, sowie auch Brennöfen

und Formenmodel fand, und noch heutigen Tages von einem dahin unternommenen Spaziergange mit auf der Fläche von mehreren Tagwerken leicht aufzufindenden rothen Scherben zurückkehren kann. Diese Geschirre,

welche man an verschiedenen römischen Niederlassungen findet, gehören zu den samischen, welche entweder zuerst auf der Insel Samos oder aus einer Erde, welche man terra Samia nannte, verfertigt wurden. Den Platz dieser ehemaligen römischen Töpferei bezeichnet ein Gedenkstein mit der Inschrift: „An dieser Stelle wurden im Jahre 1808 römische Töpferöfen aufgefunden. Errichtet 1862."

Durch die Vertilgung der Innbrücke an der Römerstrasse ward der im 13. Jahrhundert immer lebhafter werdende Verkehr von Ost und West bedeutend erschwert und man benützte die Fischer und Bewohner der Hütteu, welche zur Unterbringung des Weideviehes anfänglich bestimmt waren, und später sich wegen des durch die Viehzucht erzielten Gewinnes in förmliche Schwaigen verwandelten, als Ueberschiffer am Inn.

Dieser Fluss, welcher in Graubündten in der Schweiz entspringt, in östlicher Richtung Nordtyrol durchfliesst und in Bayern nach nördlicher Führung bei Passau sich in die Donau ergiesst, hat eine so regellose Strömung, dass auf der 18 Stunden langen Wasserstrecke zwischen Kufstein und Wasserburg nur der sicherste Platz bei diesen S c h w a i g e n zum Anlanden von Fahrzeugen und zur Erbauung einer Brücke war, da hier den Inn an der rechten Seite ein festes und steiles Hochufer und auf der linken der gewaltige Geschiebedruck seines Seitenflusses, der Mangfall, in ein einziges, unveränderliches Bett drängt, und derselbe die geringste Breite und den regelmässigsten Lauf hat, welcher sich sogleich nach der Einmündung der Mangfall in den Inn zur alten Regellosigkeit gestaltet. Zur Zeit der Römerherrschaft war allerdings die Brücke über den Inn weiter nördlich angebracht, was aber wohl aus dem Grunde geschehen sein mag, weil, abgesehen von der römischen militärischen Taktik, welche, wie der Verfasser der Rosenheimer Chronik Hr. Otto Titan v. Hefner sagt, die Flussübergänge wo möglich unterhalb der Einmündung von Nebenflüssen zur Ersparung von zweien oder mehreren Ueberbrückungen und Befestigungen bestimmte, der Inn damals einen viel regelmässigeren Lauf, und zwar näher am rechten Hochufer von Haustett, unterhalb des Hofbräukellers, genommen hatte. Nachdem nun aber später derselbe in seinem breiten Flussbette beinahe überall noch weiter um sich griff, die Orte Attel, Rott und Altenhohenau sammt ihren Klöstern theils zu nahe an Wasserburg waren, theils ungünstige

Landungsplätze hatten, und das mehr südlich gelegene Neubeuern wegen seiner vertikal in den Strom gehenden Felsenmasse eine Landung auch nicht zuliess, so kamen zu den damaligen Schwaigern von allen Gegenden Schiff- und Handelsleute und gründeten eine förmliche Niederlassung, aus welcher das nachherige Rosenheim entstand.

Ueber den Ursprung des Namens Rosenheim bestehen verschiedene Ansichten, es ist aber keine derselben zur urkundlichen Gewissheit gelangt. Die einen leiten den Namen von den Rosen her, welche in grosser Menge wild aufgewachsen sein und einen durch die Ansiedelung verdrängten Rosenhain gebildet haben sollen. Hr. Ludwig Steub sagt in seinen Wanderungen im bayerischen Gebirge: „Rosenheim — Heimath der Rosen! ein poetischer Name, der schon Manchem zu denken gegeben hat. Reiste doch einmal ein solcher Denker eigens nach Rosenheim, um die Berechtigung zu prüfen, fand zwar die Gärten wohl gepflegt, aber keine Rosen* darin, dachte daher an jene andere zartere Hälfte der Menschheit, die schon der Dichter himmlische Rosen in's irdische Leben flechten lässt, und glaubte sich auf einem Gange durch die Gassen zu überzeugen, dass diese gemeint sein müsste, was aber freilich auch nur ein Beispiel ist, zu welchen Verirrungen der Müssiggang sonst gute Touristen verleiten kann." Andere

---

* Gegenwärtig befinden sich in den Gärten viele und prachtvolle, namentlich hochstämmige Rosen, welche durch einen Rosenfreund, den Schneidermeister Wenning von hier, gepflanzt und veredelt werden.

bringen den Namen Rosenheim mit den Rossen in Verbindung, welche zur Schifffahrt auf dem Innstromme aufwärts benöthigt waren und hier ihre Weiden hatten. Hr. Sebastian Dachauer will den Namen von einer „nobilis matrona Ruza", einer gebornen Preysing, welche vor 900 Jahren dahier begütert gewesen sein soll, ableiten, während gerade so gut der erste Ansiedler mit einem vielleicht ähnlichen, althochdeutschen Namen die Veranlassung zu dieser Namensbestimmung hätte geben können. Dem philologischen Streite machte die Heraldik ein Ende, indem sie dem Markte als Wappen eine gefüllte silberne Rose mit goldenem Samen und grünem Putzen im rothen Felde gab.

Die erste schriftliche Urkunde von Rosenheim ist vom Jahre 1234 datirt, nach welcher Graf Konrad von Wasserburg dem Kloster Rott am Inn Zehenten von seinen Besitzungen schenkte und hiebei auch eines Zehentes aus dem Hofe vor dem Schlosse zu Rosenheim erwähnte. Zwei ältere Urkunden vom Jahre 1160 und 1190 berühren blos einen Theil des gegenwärtigen Rosenheim, den jetzigen westlichen Vorort Rossacker, welcher früher eine eigene Gemeinde bildete und erst im Jahre 1837 mit dem Markte Rosenheim vereinigt wurde, indem Männer von Rosacher als Zeugen von Schankungen an die Klöster Tegernsee und Herrenchiemsee in denselben aufgeführt sind. Nach dem im Jahre 1253 erfolgten Untergange der Grafen von Wasserburg und Klingenberg, auch zu Rott genannt, kam Rosenheim unter Herzog Otto an Bayern.

Im Jahre 1328 findet sich Rosenheim als wohlbe-

stellter Markt mit Freiheiten und ausgedehnten, viel-
seitigen Rechten, und im Jahre 1348 ein Rath des
Marktes Rosenheim, welcher Abgeordnete zu den Land-
tagen, das erstemal 1461, wählte, und später 1508
in den inneren und äusseren Rath geschieden wurde.
Am 2. Januar 1604 erhielt der Markt Rosenheim in
seinem Burgfrieden durch Herzog Maximilian von Bayern
die niedere Gerichtsbarkeit, welche mit der alten Verfassung mittelst Rescriptes vom 26. März 1806 gleich
allen Städten und Märkten genommen ward nnd vom
8. Oktober 1808 an zur Amtsführuug des k. Landgerichtes und der k. provisorischen Communal - Administration zu Rosenheim gehörte.

König Maximilian I. von Bayern verlieh allen Städten
und Märkten, welche eine ehemalige Rathsverfassung hatten, durch das Gemeinde-Edikt vom 7. Mai 1818 auch
dem hiesigen Orte eine Verfassnng mit einem Magistrate
III. Klasse, welcher aus einem bürgerl. Bürgermeister
und acht bürgerlichen Magistrats-Räthen, sowie einem
Collegium von 24 Gemeinde-Bevollmächtigten bestand.
Durch das am 10. November 1861 erlassene und mit
dem 1. Juli 1862 in Wirksamkeit getretene Polizei-
strafgesetz ist dem Magistrate, als Lokalpolizeibehörde,
die ihm bis dahin zugestandene niedere Polizeistrafbefug-
niss mit einer alleinigen Ausnahme, welche im Art. 28
des oben bezeichneten Gesetzes erörtert ist, genommen.

Das Jahr 1864 rief eine neue Epoche in der Geschichte Rosenheims hervor. Nachdem bereits Kaiser
Maximilian im Jahre 1504 den damals schon bedeutsa-
men Ort Rosenheim in einem offenen Briefe als eine

Stadt bezeichnete, Seine Majestät König L u d w i g I. den Titel „Stadt" der mit Ehrfurcht diese Erhebung ablehnenden Bürgerschaft angetragen hatte, im Jahre 1857 aber dessfalls gestelltes Gesuch keine Berücksichtigung fand, wurde durch die Gnade Sr. Majestät des allergnädigsten Königs Ludwig II. auf die allerunterthänigst gestellte Bitte des Magistrates und des Collegiums der Gemeinde-Bevollmächtigten der Markt Rosenheim unterm 15. September 1864 in die Reihe der Städte des Königreiches einverleibt und die betreffende Allerhöchst gezeichnete königliche Urkunde am 28. September desselben Jahres durch den von der k. Regierung damit betrauten k. Bezirksamtmann Herrn Franz Christoph dem Bürgermeister Herrn Dr. Joseph Georg Rieder in feierlichster Weise übergeben. Nach einem höchsten Rescripte des k. Staatsministeriums des Innern vom 12. Dezember 1864 haben Se. Majestät der König ferner zu bewilligen geruht, dass die Stadt Rosenheim in die Verwaltungsform der Magistrate II. Classe mit einem rechtskundigen Bürgermeister eintrete. Gegenwärtig ist Rosenheim der viertgrösste Ort Oberbayerns.

Das **Rathhaus** stand immer an derselben Stelle auf dem Max Josephs-Platze, wo das heutige sich befindet, welches nach dem 1641 stattgehabten Brande im Jahre 1642 wieder erbaut und 1737 renovirt wurde. Ausser den Bildnissen verschiedener Regenten und Regentinen Bayerns ziert die Wände des Saales eine Gedenktafel neuester Zeit, welche die Inschrift trägt:

„Rosenheim ist Mir anhänglich,
Ich weiss es, und das freut Mich.

Diese von unserm geliebten König Maximilian II. bei Seiner Anwesenheit am 16. und 17. Juli 1858 dahier gesprochenen Worte erregten grosse Freude und werden unseren Nachkommen zur fortwährenden Beachtung überliefert."

Das Rathhaus.

Anhänglichkeit an das Herrscherhaus war den Rosenheimern von jeher stets eigen, was sie in den von vielen bayerischen Fürsten geführten Kriegen der verschiedenen Jahrhunderte bewiesen haben und was von denselben selbst bezeugt wurde, indem die meisten Urkunden über von den Landesfürsten an den Markt

Rosenheim verliehene Befugnisse und Rechte mit den Worten beginnen :

„Um die willigen Dienste an Uns und Unsere Vorfordern."

„Der getreuen Dienste in diesen (1504) Kriegsläufen eingedenk."

„Die grosse Liebe, Treu und Dienste erkennend."

„In Unsern Dienst und Kriegen und andern Sachen allweg willig und unverdrossen" u. s. w.

Als nach dem am 29. November 1253 erfolgten Tode des Herzogs Otto von Bayern eine Theilung des Landes durch seine Söhne Ludwig und Heinrich vorgenommen und alle Städte und Märkte längs des Inns zu Niederbayern gezählt wurden, so ward Rosenheim einestheils, als äusserste Gränze gegen Oberbayern, anderntheils durch seine Lage als Gränzort gegen Tyrol bei den herrschenden Kriegen in besondere Mitleidenschaft gezogen und hatte ungeheure Kriegslasten zu tragen. Nachdem die Bürger Rosenheims in den Schlachten bei Gammelsdorf 1315 und bei Ampfing 1322 mitgekämpft hatten, mussten sie im Jahre 1439 in dem Kriege des Herzogs Ludwig des Bärtigen von Oberbayern gegen seinen Sohn Ludwig den Buckligen auf Befehl des Herzogs Heinrich von Niederbayern, welcher den Sohn zuerst gegen den Vater unterstützte, Rosenheim befestigen und im Jahre 1443 sich wiederholt rüsten. Die Rosenheimer Landwehr zog für den Herzog Ludwig in den 1458 unternommenen Krieg gegen die Reichsstadt Donauwörth, 1459 gegen den Markgrafen Achilles

von Brandenburg, war bei der Eroberung der Städte
Donauwörth, Eichstädt und Roth, focht in dem gegen
denselben Markgrafen geführten, 1460 begonnenen
Reichskriege mit, und nahm Theil an dem Siege bei
Gingen (1462). In verschiedenen kleinen Fehden dem
jeweiligen Herzoge getreu zur Seite stehend, hatten
die Bürger Rosenheims später im Jahre 1504 Unsäg-
liches durch den Erbfolgekrieg wegen ihrer bewiesenen
Treue gegen den vom Kaiser und Reich anerkannten
Herzog Albrecht IV. zu erdulden und zu tragen. In
den Jahren 1529, 1543 und 1566 rüstete man sich
gegen die Türken, und in dem letzten Jahre zog ein
Theil der Bürger gegen dieselben. Inzwischen, 1565
und 1566, hatte Rosenheim massenhafte Einquartierun-
gen durch die Durchzüge der welschen Kriegsvölker
nach Ungarn, welche im J. 1594 wieder begannen und
bis 1601 dauerten. Am 16. November 1583 besetzte
die Landwehr Rosenheims, vereinigt mit der von Aibling,
Tölz und Wolfrathshausen, auf Befehl des Herzogs Wilhelm V. die Reichsherrschaft Waldeck mit dem Haupt-
orte Miesbach, um den Freiherrn Wolf Dietrich von
Maxlrhain, welcher ein Begünstiger der lutherischen
Reformation war und die Bürger und Bauern zur Annahme der neuen Lehre zwang, für die Erhaltung der
katholischen Religion wieder zu bestimmen. Nachdem
der Rosenheimer Landfahnen von einem zweiten Zuge
gegen Donauwörth im Winter des Jahres 1607 zurück-
gekehrt war, und im dreissigjährigen Kriege durch den
Entsatz der dem Kurfürsten Maximilian damals verpfän-
deten Festung Linz 1626 sich besonders auszeichnete,

kamen während der Dauer dieses Krieges wiederholte
Befehle an denselben zu Märschen nach München, Ingolstadt und Grünwald, um vom letzten Orte aus die
Isarpässe bis Tölz und Wolfrathshausen zu besetzen.
Nach der auf Befehl des Kurfürsten vollzogenen Zerstörung der Innbrücke mit der über dieselbe führenden
Wasserleitung, welche jedoch nach Abschluss des west-
phälischen Friedens (24. Oktober 1648) wieder hergestellt wurde, rückten am 15. Juni 1648 die Schweden
in Rosenheim ein und verlangten ungeheure Kriegs-
Contributionen.

Durch den spanischen Frbfolgekrieg (1702—1704)
und den damit verbundenen Krieg in Tyrol, in welchem
der Rosenheimer Landfahnen die Festung Kufstein besetzte, durch die Einfälle der Tyroler Bauern und durch
die Besetzung Bayerns durch österreichische Truppen
hatte Rosenheim wegen der bedeutenden Erpressungen
von Geld und Lebensmitteln Vieles zu erdulden und
musste bedeutende, oft kaum erschwingbare Opfer bringen. Nach kurzer Friedensdauer entbrannte 1742 der
österreichische Erbfolgekrieg. Während ungeheure von
den Oesterreichern geforderte Brandschatzungen fortwährend zu zahlen waren, und bei den dreimaligen Einfällen der Panduren Rosenheim Plünderungen durch Feuer
und Schwert ausgesetzt war, hatte der Rosenheimer
Landfahnen das Schloss Neubeuern nebst den Blockhäu-
sern am Riedlberg oberhalb Nussdorf gegen die Einfälle der Tyroler besetzt und das Eindringen derselben
tapfer abgewehrt, wofür die Rosenheimer Landwehr im
Jahre 1743 eine heute noch in Ehren gehaltene Stan-

darte von Maria Amalia, Gemahlin des Kurfürsten und späteren Kaisers Karl Albrecht, verliehen erhielt. Nach dem Friedens-Schlusse zu Füssen (1745) trat endlich Ruhe ein, bis 1796 die Napoleonischen Kriege begannen, und — grösstentheils in Bayern geführt — Rosenheim gleich anderen Orten des Vaterlandes die Beschwerden derselben zu ertragen hatte.

Ausser den Kriegsstrapazen, ward vieler Schaden durch Feuersbrünste verursacht, indem in den Jahren 1469 und 1641 der ganze Markt, 1542 die grössere Hälfte desselben, und in den Jahren 1684, 1707, 1744 (bei dem zweiten Einfalle der Panduren), 1834, 1841 und 1847 jedesmal eine ganze Strasse oder mindest eine Häuserreihe abbrannte.

Aus diesen Drangsalen aller Art hat sich Rosenheim immer wieder schnell erholt und die Gegenwart führt uns dasselbe als eine stattliche, stets mehr sich entfaltende Stadt vor, welche 1946 Familien mit 4618 Seelen — nach der letzten Volkszählung vom Jahre 1864 — zählt.

Rosenheim mit den grossen freundlichen Strassen und Plätzen gewährt einen angenehmen Eindruck und das Bild eines besonders regsamen geschäftlichen Verkehrs-Lebens. Der grösste Theil der Häuser ist nach italienischer Bauart früherer Jahrhunderte erbaut, welche das Charakteristische hat, dass man an solchen Häusern keine Dächer sieht, da diese durch die Stirnmauer verdeckt sind.

Behörden befinden sich derzeit in R o s e n h e i m: Ein k. Bezirksamt, umfassend die k. Landgerichte Rosenheim, Aibling und Prien, mit einem k. Bezirksarzte I. Classe; ein k. Landgericht; k. Hauptzollamt; k. Hauptsalzamt; k. Forstamt; eine k. Baubehörde; ein k. Post- und Bahnamt mit einer Staats - Telegraphen - Station; ein kathol. Dekanat und Pfarramt; eine Districts- und Lokal-Schulen-Inspection; eine k. Brandversicherungs-Inspection; ein Unteraufschlagamt; ein Magistrat mit dem Gemeindekollegium. Ferner haben zwei k. Notare hier ihren Amtssitz und befindet sich daselbst eine 3 Compagnien Infanterie und eine halbe Escadron Cavalerie starke Landwehr, welche als ehrende Auszeichnung im Jahre 1851 eine Fahne aus den Händen Ihrer Majestät der Königin Marie erhielt.

Schulen. Den deutschen Elementar- und Zeichnungs-Unterricht für die Knaben besorgen drei Lehrer, während den Mädchen sechs Mitglieder des Ordens der armen Schulschwestern in den deutschen Elementar-Gegenständen, in der französischen, italienischen und englischen Sprache, im Klavier und in allen weiblichen Handarbeiten ertheilen. Die Gesangsschule steht unter der Leitung des jeweiligen Chorregenten. Mit dem Baue eines neuen Knaben-Schulhauses, wobei sogleich für die Unterbringung einer höheren Bildungsschule für Knaben — ein für Rosenheim immer mehr als höchst nothwendig sich gestaltendes Bedürfniss — Sorge getragen werden wird, ist an der Bahnhofstrasse bereits begonnen.

Kirchen. Im XIII. Jahrhunderte wurde die erste Kapelle, dem hl. Bischofe Nikolaus geweiht, erbaut und nach in späteren Jahren vorgenommenen Erweiterungen und Vergrösserungen, im Jahre 1602, zur Pfarrkirche des Ortes erhoben, welche bis dahin in dem 1 Stunde

Die Pfarrkirche.

entfernten Pfaffenhofen eingepfarrt war, und erst auf des Herzogs Max I. Befehl im benannten Jahre einen eigenen Pfarrer erhielt. Im J. 1641 wurde die Pfarr-

kirche nach dem grossen Brande beinahe neu in dem
beibehaltenen gothischen Style aufgebaut.

Mit Benefizien bedachte Nebenkirchen sind:

Die Heiliggeist-Kirche, welche im J. 1449 von
dem Bürger Hans Stier zu Rosenheim, dem damaligen Besitzer des jetzigen Stockhammer-Bräuanwesens,
erbaut und im XVII. Jahrhunderte nach dem grossen
Brande wieder hergestellt wurde.

Die Spital-Kirche wurde im Jahre 1619 von
dem Bürger und Rathsherrn Simon Peer zu Rosenheim erbaut und 1620 zu Ehren des heiligen Joseph

Die Spital-Kirche.

eingeweiht. Nach dem Brande vom J. 1641, welcher die Hauptmauern dieser Kirche unversehrt liess, unternahm dessen Sohn A n d r e a s den Wiederaufbau dieses Gotteshauses im Jahre 1653.

Die L o r e t t o - K a p e l l e, nächst dem Bade, wurde 1636 von Georg Schauer, Rathsbürger zu Rosenheim,

Die Loretto-Kapelle.

in getreuer Uebereinstimmung mit der St. Lorettokapelle in Welschland erbaut, und erst im Anfange des XIX. Jahrhunderts auf Befehl des Ministers Grafen v. Montgelas mit einem Fenster in der Seitenwand, um den Erfordernissen einer Kirche zu entsprechen, versehen.

Die Rossacker-Kapelle wurde 1737 von Martin Schmetterer, Bierbräuer zu Rosenheim, im Zopfstyle erbaut.

Die von der gesammten Bürgerschaft Rosenheim's im Jahre 1636 begonnene und 1644 vollendete Erbauung der Sebastianskirche ist gemäss Magistratsbeschlusses vom 5. Oktober 1853 den Kapuzinern, welche ihr Kloster daran bauten und die Kirche nach ihren Ordensregeln einrichteten, überlassen worden. Das Kloster

Die St. Sebastians-Kirche.

wurde am 28. Oktober 1856 eingeweiht und von Vätern und Brüdern des Kapuziner-Ordens bezogen, nachdem am 28. Oktober 1803 bei Aufhebung aller Klöster in Bayern die Kapuziner durch churfürstlichen Befehl aus

ihrem damals auf dem Platze der jetzigen Saline ge-
standenen Kloster gewiesen wurden, welches sie seit
dem Jahre 1606 dahier inne hatten.

In dem für Protestanten im Rathhause eingerichteten
Betsaale wird öfters evangelischer Gottesdienst gehalten,
welcher fast jeden Sonntag auch in dem 1 Stunde entlegenen protestantischen Pfarrorte Grosskarolinenfeld
und alle 3—4 Wochen in dem durch die Bahn bloss
16 Minuten entfernten Fabrikorte Kolbermoor besucht
werden kann.

Ausser einem Spitale für Arme und dem Kran-
kenhause wirken zahlreiche Magistrats-, Wohl-
thätigkeits-, Unterrichts- und Kultus-Stiftungen,
welche ohne das sich auf 120,000 Gulden belaufende

Das Krankenhaus.

rentirliche Kirchenvermögen im Besitze eines verzinslichen Kapitals von 140,000 Gulden sind und jährlich circa 14,000 Gulden auf Stiftungszwecke verwenden, für die Wohlfahrt der Bevölkerung, und werden die letzteren seit dem Jahre 1834 von einer aus Bürgern bestehenden Verwaltung unter dem Vorsitze des Ortspfarrers, die übrigen aber vom Magistrate allein verwaltet.

Rosenheim ist mit frischem, gutem Quellwasser versehen, das schon seit dem Jahre 1450, wenn auch damals in etwas mangelhaftem Zustande, von dem am rechten Innufer gelegenen Schlossberge in Röhren nach Rosenheim geleitet wird. Durch 1863 von der Gemeinde erfolgten Ankauf einer zweiten mächtigen Quelle an demselben Berge wurde eine bedeutende Vermehrung vorzüglichen Trinkwassers erzielt.

Eine vor dem Innthore links in der Nähe der Traunsteiner Landstrasse erbaute und im November 1863 vollendete Gasfabrik sorgt für helle Beleuchtung der Strassen und der verschiedenen Lokalitäten.

Eine gut organisirte **Feuerwehr** wurde bei ihrer im Jahre 1861 erfolgten Errichtung von den Bewohnern Rosenheims ihrer Zweckmässigkeit wegen mit Freuden begrüsst und ist, trefflich eingeübt, stets bereit, bei Bränden sowohl im Orte selbst, als auch in dessen Umgebung, deren Entfernung und Lage durch ein am Pfarrkirchthurme aufgestelltes Pyroscop ganz genau bezeichnet werden kann, thatkräftige Hilfe zu leisten.

Die **Schiffahrt am Inn** ist nicht mehr von der Bedeutung wie früher, woran die immer grössere Entwickelung der Schienenbahnen in allen Ländern und die hiedurch herbeigeführte gänzliche Umgestaltung der Verkehrswege als Ursache bezeichnet werden dürfte.

Schranne wird jeden Donnerstag, und wenn an diesem Tage ein Feiertag fällt, am vorhergehenden Mittwoch in Verbindung mit einem Vieh- und Victualienmarkte, letzterer ausserdem auch an jedem Sonntage abgehalten. Es werden jährlich 55 — 60,000 Schäffel Getreide verkauft.

Jahrmärkte gibt es sieben, nämlich:

1) Viertagmarkt am 1. Donnerstag nach dem Aschermittwoch,
2) Mittefastenmarkt am 4. Donnerstag in der Fasten,
3) Grasmarkt am Osterdienstag,
4) Christi Himmelfahrtsmarkt am Sonntag vor Christi Himmelfahrt,
5) Kirchweihmarkt am 4. Sonntag im August,
6) Simon- und Judämarkt am letzten Sonntag im Oktober,
7) Nikolausmarkt am 3. Advent-Sonntag.

Die 8 grösseren Viehmärkte werden an den 7 Jahr-Marktstagen und am Tage vor hl. 3 König abgehalten.

Gasthäuser sind zu Rosenheim in grosser Anzahl vorhanden, und zeichnen sich darunter besonders als zu empfehlende Nachtherbergen die Gasthöfe „zur blauen Traube", „zur alten Post", zum „Hofbräu" (stark von Badegästen besucht), zum „König Otto von Griechenland", zum „Schwinghammer", zum „Santa", „zum Bade" etc. aus.

Wer im Laufe des Vormittags einen kleinen Imbiss mit einem guten Schöppchen Wein zu sich nehmen will, oder nach dem Mittagstische Café unter Benützung einer sehr reichen Auswahl von Journalen schlürfen will, der gehe in das Wein- und Caféhaus des X. Nieder- buchner an der Bahnhofstrasse, welches mit allem möglichen Comfort und einer Eleganz ausgestattet ist, die man selten in kleineren Städten findet. Nicht minder ist in jeder Beziehung auf Güte der Speisen und Getränke ausser den sämmtlichen Gasthöfen die Bahnhof-Restauration besonders Denjenigen zu em- pfehlen, welche an dem Hin- und Herwogen der an- kommenden und abgehenden Fremden Vergnügen finden. **Braunes Bier** wird in zehn Bräuereien (darunter eine Dampfbräuerei) gebraut, welches an Güte und Ge- schmack allgemein, selbst von Fremden, als vorzüglich bezeichnet wird. Freunde von gutem, frischen, weissen Biere, besonders an heissen Sommertagen, finden das- selbe in den Gasthäusern des X. Niederbuchner, zum Mairl, zum König Otto, Schwinghammer etc. **Vereine zu geselligen Unterhaltungen** be- stehen in Rosenheim zwei: „die Harmonie" und die „Liedertafel." Die Harmoniegesellschaft, mehr auf abendliche Zusammenkünfte und auf Lesung der auf- liegenden Zeitungen und Journale beschränkt, hat gegen- wärtig ihr Vereinslokal im Gasthause zum König Otto von Griechenland. Die Liedertafel, deren hauptsäch- licher Zweck Pflege des Männergesanges ist, veran- staltet im Vereinslokale des Weingastgebers Fortner „zum Santa" ausser den Gesangs- und sonstigen musikalischen Produktionen auch Gesellschafts-Unterhaltungen anderer Art, als Bälle etc. In beide Gesellschaften können Fremde durch Mitglieder eingeführt werden und finden daselbst die freundlichste Aufnahme. Auch Schützen ist in Rosenheim Gelegenheit geboten, sich im Schiessen zu üben und zu unterhalten, indem ausser mehreren Zimmerstutzen-Schützengesellschaften eine **Feuer-Schützengesellschaft** dahier ist, welche seit dem Anfange des XVI. Jahrhunderts schon besteht, im Besitze einer Schützenkette, deren ältestes Schild von Herzog Ludwig von Bayern (1507), und deren jüngstes von Mathias Ellmayr, Bürger zu Rosenheim, (1772) herstammt, und einer Schützenfahne mit der Jahreszahl 1790 ist, und eine im Jahre 1847 westlich vor der Stadt in der Nähe des Bahn-Torfmagazines erbaute, zweckmässige Schiessstätte hat. Als erste Sehenswürdigkeit des Ortes dürfte für Fremde die **kgl. Saline** sein, welche durch die Freundlichkeit und Zuvorkommenheit des Herrn Vorstandes, sowie des ganzen Amts- und Dienstpersonales für dieselben jederzeit zugänglich ist.

Nachdem im Jahre 1807 die k. Regierung in Folge des gesteigerten Bedarfes an Salz beschloss, ausser den Salinen Berchtesgaden, Reichenhall und Traunstein eine vierte zu Rosenheim zu gründen, wurde ungeachtet der damaligen kriegerischen Zeit mit dem Erbauen der hiezu benöthigten Gebäulichkeiten alsbald begonnen und am 6. August 1810 zum Erstenmale in Rosenheim Salz gesotten. Die Errichtung der Saline zu Rosenheim ist insbesondere dem Willen des unvergesslichen Königs

Die k. Saline.

Maximilian I. zu verdanken, wodurch der damals ge-
sunkene Verkehr wieder besonders belebt wurde. Das
50jährige Bestehen der Saline wurde am 2. September 1860 in entsprechender festlicher Weise gefeiert.
Die Soole, welche in dem zwischen dem Schellen-
berge und dem Dürrenberge bei Berchtesgaden gelegenen, im Jahre 1122 aufgefundenen Salzbergwerke
durch künstliche Auflösung des Steinsalzes gewonnen
wird, wird durch bewunderungswürdige, nach den Ent-
würfen des damaligen kgl. Salinen-Rathes Georg von Reichenbach und unter Anleitung des gleichfalls verstorbenen
Kunstmeisters Karl Reichenbach sen. hergestellte Röhren-
Druckwerke über die Gebirge nach Reichenhall geführt
und mit der aus den dortigen Salzquellen entspringenden
und gradirten Soole vermischt. Ein Theil hievon wird
in der Saline zu Reichenhall versotten, während' der

andere grössere Theil der Soole über hohe Berge und durch Thäler nach Siegsdorf, von da ab in einer Leitung zur Saline Traunstein und in einer zweiten über Bergen am südlichen Rande des Chiemsee's und längs des Simsee's bis auf den Schlossberg bei Rosenheim in eine ungemein grosse Reserve und je nach Bedürfniss über die Inn- und Mangfallbrücke in die Salinengebäude geführt wird. Das zum Sudwerke benöthigte Holz wird aus den Salinenforst-Waldungen bei Tegernsee durch diesen und die Mangfall nach Rosenheim getriftet, wo es sich in dem sogenannten Wasserhofe, einem schönen Punkte, mit Parkanlagen umgeben, vor dem Ablassen in die Kanäle und Felder des Holzgartens sammelt.

Das jährlich nach Rosenheim getriftete Fichten- und Buchenholz beträgt durchschnittlich 20,000 b. Klafter, wovon jedoch den Bewohnern Rosenheim's auf Verlangen und gegen Entrichtung eines hiefür festgesetzten Normalpreises der Bedarf an Holz gegeben wird. In neuerer Zeit wird auch Torf zur Brennung gebraucht, welchen die k. Saline auf ihr eigenthümlich gehörigen Gründen stechen lässt; mit Braun- und Steinkohlen werden gleichfalls Versuche angestellt.

Die hiesige, von sämmtlichen oberbayerischen zuletzt errichtete Saline, ist jetzt die grösste im Königreiche Bayern und erzeugt jährlich in 5 Vorwärm- und 5 Körnpfannen über 300,000 Zentner Koch- und 8000 Zentner Vieh- und Dungsalz.

Die höheren und niederen Beamten sowohl, als auch die meisten Arbeiter, wozu alle zum Betriebe der Saline nöthigen Handwerker, als Maurer, Zimmerleute, Schäffler, Schlosser, Schreiner etc. etc., welche in verschiedenen Werkstätten arbeiten, gehören, bewohnen um das Sud- gebäude herum eigens erbaute Wohnungen und bilden, so zu sagen, eine grosse Familie.

In der hiesigen chemischen Fabrik, einer Filiale der bekannten Fabrik zu Heufeld bei Aibling, wird die Mutterlauge, d. i. die nach dem Eindampfen der Soole bei der Salzbereitung übriggebliebene Flüssigkeit, ab- gedampft und das hiedurch erzielte Chlorkalium zum weiteren Verbrauche nach Heufeld geschickt.

Sämmtliche **Gewerbe** sind in Rosenheim vertreten und werden in schwunghaftem Betriebe und im steten Fortschreiten mit der gewerblichen Industrie ausgeübt, was den Gewerbetreibenden zur besonderen Ehre ge- reicht, und wovon die im J. 1861 dahier stattgehabte Lokal-Industrie-Ausstellung hinreichende Beweise gab.

Mit dem Beginne des Jahres 1865 constituirte sich ein Gewerbeverein, der wesentlichen Einfluss auf stete Hebung der gewerblichen Interessen ausübt.

Die Maschinen-Fabrik, Eisen- und Kupfer- Hammerwerke und Schleifmühle der Gebrü- der Beylhack in Rosenheim, welche 1857 mit zwei Arbeitern das Geschäft begann, beschäftigt jetzt 80—90 Arbeiter und besteht in nachfolgenden Einrichtungen:
1) Aus einem Grobschmied-Hammerwerk zur Fabri- kation aller Gattungen von Schmiedeisen;
2) einem Waffen- und Zeugschmied-Hammerwerk zur Schmiedung von allen Gattungen von Maschi-

nentheilen, aller Arten von Waffen und landwirthschaftlichen Geräthen ;

3) aus einer Messing-Giesserei ;

4) einer Schleifmühle mit Polierwerk ;

5) einer Modell-Schreinerei, und

6) aus einer Maschinenfabrik in drei Werkstätten.

Verfertigt werden in dieser Fabrik:

Schmiedarbeiten zu Maschinen, Waffen aller Art,
Schraubstöcke, dann alle Sorten Stabeisen, Wagenachsen,
Schleifsperren und Oekonomie-Geräthschaften aller Gat-
tungen ;

Wasserräder jeder Construction, ober-, mittel-
und unterschlächtige, ganz oder theilweise von Holz,
Eisen oder Blech, Turbinen nach den neuesten Constructionen, Schleussen ;

Mühleinrichtungen, Getreide-Mahlmühlen, Oel-
und Sägmühlen, sowie Gyps-, Cement-, Loh- und
Knochenmühlen.

Wasserdrucke, Wasserpumpen aller Art, Wasser-
Leitungen von Eisen, hydraulische Oel-, Ziegel-, Heu-
Pressen, Spritzen, Messing-Gusswaaren, Hahnen und
Wechsel aller Art;

Dampfmaschinen nach 3 Systemen, Cylinder-
und Ventilator-Gebläse, Walz- und Hammerwerke, grosse
Eisenscheeren, Feuerungs-Einrichtungen mit Ventilation
nach bester, Brennstoff ersparender Construction;

Triebwerke, Pferdegöppel, Dresch- und Futter-
schneidmaschinen, Transmissionen, Drehbänke, Rohr- und
Hebelmaschinen und alle landwirthschaftlichen Geräthe;

vollständige Brauerei-Einrichtungen nach neuester Construction:

a) mit Maschinen zum Handbetriebe,

b) zum Betriebe durch Dampfmaschinen,

c) zur Herstellung der Dampfmaschinen sammt Bewegungs-Transmissionen.

Ferner werden Kühlschiffe und Wasserreserven von Eisen, Pfannen von Kupfer und Eisen, Maischmaschinen, Maisch-, Würz- und Kellerpumpen, Aufzüge, Transmissionen, Malzputzmaschinen, Paternosterwerke, Transporteure und Malzmühlen mit Walzen, dessgleichen auf Bestellung Zeichnungen sowohl zur Anlage neuerer Bräuereien, als auch zur Umänderung der alten, nach den besten, auf Erfahrung gegründeten Constructionen gefertigt und alle Gegenstände sowohl zu den Feuerungseinrichtungen, als Ofengerüste, Heizthüren, Röste, als auch zu den Doppeldörren, nämlich Feuerschläuche, Träger, Dörrbleche geliefert.

In dem Hammer- und Schleifwerke des N. P. Stumbeck wird Stabeisen geschmiedet, Hämmer, Ambosse, Wagenachsen, Schraubstöcke, Strohmesser, Beile, Hacken und Axten, Pickeln, Hauen, Schaufeln, Gabeln, sämmtliche Maurerwerkzeuge, Rollschienen, Wagenschienen, Wagensohlen, Pflugsägen, sowie alle landwirthschaftlichen Geräthe fabrizirt.

Die mit der Fabrik verbundene Eisenhandlung hält Lager von sämmtlichen Eisen-, Stahl-, Geschmeide-, Guss- und Metallwaaren.

Das durch den Fabrikanten J. A. Huber am Mühl-
kanale zu Rosenheim angelegte Werk zur fabrik-
mässigen Erzeuguug von Seilerwaaren besteht:
1) aus einer Hanfreibmaschine, welche gegen die
gewöhnlichen Hanfreiben den bedeutenden Vor-
rang hat, dass sich durch eine einfache Vorrich-
tung·der aufgelegte Hanf selbst regulirt, wodurch
man erzielt, dass die Hanffasern nicht so sehr
verrauft werden und die Leistung der Maschine
wesentlich erhöht wird, indem zwei Mann täglich
13—14 Zentner Hanf fein reiben und zum Hecheln
vorbereiten können;
2) aus den verschiedenen ein-, drei- und fünffachen
Hanf-Hecheln;
3) aus zwei Maschinen zum Spinnen der Fäden und
gleichzeitigen Aufhaspelung nebst einer Vorrichtung zum Zwirnen;
4) aus einer mechanischen Vorrichtung zum Drehen
der Fäden zu Litzen;
5) einer Vorrichtung zum Seilen, und
6) aus mehreren kleineren mechanischen Vorrich-
tungen zu Nebenarbeiten.
Ein durch Wasserkraft getriebenes Pansterrad steht
durch eine Welle in Verbindung mit einem cylindrischen
Stirnrad, von welchem als Hauptrad die Bewegung durch
verschiedene Arten von Transmissionen den einzelnen
Maschinen mitgetheilt wird. Besonders interessant ist
die Art und Weise des Theerens der Seile, welches,
wie das Spinnen und Seilen, ebenfalls durch Wasserkraft geschieht. Der Theer wird nämlich mittelst Dampf

erhitzt und die Fäden (Litzen) durch den heissen Theer gezogen und zwar mit solcher Geschwindigkeit, dass weder die Hitze auf die Hanffasser einen nachtheiligen Einfluss ausübt, noch derselben gestattet, überflüssigen Theer aufzunehmen.

In dieser Fabrik, welche 30 Arbeiter beschäftigt, werden ausser allen Gattungen von Seilerwaaren insbesondere alle möglichen Seile zu jeder beliebigen Stärke und Länge bis zu 2000 Fuss, sowohl weiss wie getheert, dessgleichen auch mit Kautschuk und Theer imprägnirte Maschinen-Treibgurten als Ersatz der kostspieligen Lederriemen verfertigt. Der Fabrikbesitzer, Inhaber der Preismedaille der Münchener-Industrie-Ausstellung vom Jahre 1854, hat eine bereits patentirte Spinn-Maschine für Seiler erfunden, welche vermittelst des Gewichtes Stränge und Seilfäden spinnt und zusammenschnürt und die Schnur, welche die Maschine in Bewegung setzt und der Spinner am Leibe befestigt hat, nach jedem Faden wieder selbst aufwickelt. Diese Maschine, welche sehr leicht geht, den Spinner nicht im Geringsten anstrengt, durch die gleichmässige Drehung schöne und dauerhafte Arbeit liefert, kann auch zu Bindfaden oder anderen längeren Gespinnsten verwendet werden.

In der Werkstätte des Maschinenbauers Ludwig Krumbacher werden transportable Dreschmaschinen der neuesten Construction, Heckselmaschinen, Kartoffelquetschen für Brennereien, Getreide-Putzmühlen und alle landwirthschaftlichen Geräthschaften, Maschinen zur Fabrikation der Cement-Dachplatten, sowie Cement-

Dachplatten selbst, Garten-Einfassungen und Geländer, Pferde- und Kühbarren, Grabmonumente, Wasser-, Kanal- und Abtrittröhren, Pflaster- und Abdachungsstücke für Mauerwerke aus Cement verfertigt. Cementdachplatten werden gleichfalls angefertigt vom Maurermeister Simon Lutz und vom Maurer Joseph Hintermaier.

Cementmühlen befinden sich in Brannenburg, Kiefersfelden, Nussdorf und Oberaudorf, dessgleichen grossartige Ziegeleien in nächster Umgebung Rosenheims.

Die durch eine Aktiengesellschaft gegründete Kunstmühle befindet sich in der nächsten Nähe des Wasserhofes und bietet namentlich auf der Bahnlinie von Kolbermoor hieher, von welcher es rechts abseits von Rosenheim liegt, wegen ihres hübschen Baues den Reisenden einen herrlichen Anblick. Dieselbe wurde auf demselben Platze, wo früher eine Steinsäge stand, von dem Maurermeister Hosp von Augsburg im Jahre 1854 erbaut und im Jahre 1855, nachdem die benöthigten Maschinen von der Maschinenfabrik Edward Earnshaw u. Comp. in Nürnberg aufgestellt waren, dem Betriebe übergeben. Die Einrichtung ist nach dem amerikanischen Mahlsysteme mit 12 Gängen. In dieser Kunstmühle, welche circa 20—22 Personen beschäftigt, werden alle Sorten Roggen- und Waizenmehl, sowie Gries verfertigt und diese Mehlgattungen wegen ihrer allgemeinen Beliebtheit auch in entferntere Gegenden versendet. Der Zutritt in dieses Etablissement wird jederzeit auf Anfrage im Comptoir bereitwilligst gestattet.

Sämmtliche hiesige Etablissements, unter welchen namentlich noch die im Emporblühen begriffene Wagenfabrik des Sattlermeisters Seb. Römersperger zu erwähnen ist, hier besonders bekannt zu geben, würde zu weit führen. Es genüge, dass Handel und Gewerbe für die verschiedensten, auch kleinsten Bedürfnisse mit jener Vollendung und Vollkommenheit sorgt, wie dieses wohl in den grössten Städten nicht besser der Fall sein dürfte.

Bevor wir unsere Notizen über Rosenheim schliessen und denselben ein Gedicht: „Bilder aus der Rosenheimer Chronik", welches von dem pens. Lehrer Herrn Jos. Wagner verfasst, bei der öffentlichen Preisevertheilung im Jahre 1862 von den Schülern vorgetragen wurde, folgen lassen, sei hier berühmter Männer aus Rosenheim gedacht.

Johann Adelzreiter, als Sohn eines Nestlers zu Rosenheim geboren, wurde zur Jesuitenschule nach München in seinem 14. Lebensjahre geschickt und später zur Hochschule nach Ingolstadt, wo er, um seine Studien fortsetzen zu können, Schreiber bei dem Professor der Rechte, Kaspar Denich, wurde. Nachdem er im Jahre 1622 promovirt hatte, wurde er Regierungs-Rath in Straubing, hierauf Hofkammer-Rath, geheimer Archivar und zuletzt 1649 geheimer Rath und Vicekanzler, erwarb sich die Hofmark Tettenweis in Niederbayern und starb in einem Alter von 66 Jahren am 11. Mai 1662 zu München, dessen Karmeliterkirche die irdische Hülle aufnahm.

An dem Hause Nr. 312 in der Botengasse ist eine Gedenktafel angebracht:

Der berühmte bayerische Kanzler
Johann Adelzreiter auf Tettenweis,
Sohn eines bürgerlichen Nestlers
von hier, wurde am 2. Februar 1596
in diesem Hause geboren.

Hans Jakob, Tobias, Daniel und Malachias Geiger waren in den Jahren 1574—1671 berühmt wegen ihrer vorzüglichen Leistungen in der Chirurgie und Medicin. Tobias Geiger ward als Hofmedikus in das Elisabeth-Spital nach München berufen, Daniel Geiger wurde vom Kaiser Ferdinand in den Adelsstand erhoben und Leibarzt des Königs von Ungarn, und Malachias Geiger Leibarzt des Kurfürsten Maximilian.

Als Künstler wird der Maler Höttinger gerühmt, dessen Kunst zu Rosenheim noch im besten Andenken steht.

Von den älteren Bürgergeschlechtern Rosenheims haben sich bis zum heutigen Tage die Familien Plankh, Cronast, Ruedorffer, Dettendorfer, Amann, Geiger (vom Bader Geiger abstammend) und Rieder in ihren Namen erhalten.

Bilder

aus der Rosenheimer Chronik

für

Grosse und Kleine.

Vorgetragen von den Schülern bei der öffentlichen Preisevertheilung
im Jahre 1862.

Die Heimat soll nicht fremd dem Mann' und Jüngling bleiben,
Darum will ich sie früh in's junge Herz mir schreiben.
Sie soll als Lebensbild tief das Gemüth durchdringen,
Und mich belehren treu von wahren, ernsten Dingen,
Die in vergang'ner Zeit verhängnissvoll sich reihten,
Wo Voreltern beglückt, sich Gott, den Fürsten weihten,
Wo Stürme, Kriegerwuth gleich den Gewittern rollten,
Der schöne Spruch: Ein Mann, ein Wort, als Schwur gegolten.
Wo noch die öde Flur am Innesstrom gewaltet,
Und später Rosenheim sich als ein Markt gestaltet.
Was in Jahrhunderten gefüget sich zusammen,
Das sei als schwaches Bild gefasst in einen Rahmen.

Wo fruchtbares Gefild', Gebäude wir erschauen,
Da war verödet Land und nur bemooste Auen,
Nur Stauden und Gebüsch bedeckten diese Fläche,
Und in des Innes Strom enteilten wilde Bäche.
Kein grünend Ackerland, kein Garten war zu sehen,
Und trauernd glitt der Blick hin über Bergeshöhen,
Und unter dem Gesträuch da sah man traulich kosen
Ein Buschwerk, weiss und roth, es waren wilde Rosen.

Rosenheim.   3

Und weil der Blümlein hier so viel beisammen standen,
Und sie an diesem Ort die liebe Heimat fanden,
Ward später für den Markt, in dem wir hier geboren,
Der Name Rosenheim vor Allen auserkoren.

Nicht froher Stimmen Laut von Menschen hier erschallten,
Und nicht ein gastlich Dach sah man für Wand'rer walten,
Nur wilder Thier Gebrüll erscholl in diesen Auen
Und füllte die Natur mit einsam tiefem Grauen.
Nicht Handel und Gewerb' die hatten sich verbunden,
Kein lebender Verkehr hat damals stattgefunden.
Des Innes Stromgewalt braust hin durch Flur und Haine,
Und ungezähmet füllt sein Wasser alle Räume.
Kein friedliches Geläute hört man vom Thurme schallen,
Nicht fromme Beter sieht man zu dem Tempel wallen.
So sah es damals aus in unserm Heimatskreise,
Wo jetzt ein glücklich Sein entspriesst in schönster Weise.

Da zogen sie heran der Römer mächt'ge Heere,
Die damals hochgerühmt, beherrschten Land und Meere.
Sie überstiegen kühn die steilen Alpenhöhen,
Bald sah man ihre Macht am Innesufer stehen.
Nichts hemmte ihren Zug, sie bahnten Strassen, Wege,
Und über Fluss und Strom entstanden Brück' und Stege.
Sie bauten Städte sich, nicht achtend Kampf und Mühen,
Von Salzburg und hier durch sie hin nach Augsburg ziehen.
Ein lebender Verkehr begann in regem Sinne,
Vier Strassen theilten sich beim Uebergang am Inne.
Und was die Römer einst mit Kraft und That begründet,
Sich jetzt noch wortgetreu in der Geschichte findet.

Doch es zerfiel die Macht, die Römer mussten weichen,
Sie unterlagen bald dem Schwerte und den Streichen

Der Deutschen, die entflammt sie aus dem Lande trieben.
Der Rest, der noch entkam, entfloh bestürzt den Hieben
Der wilden Krieger, die mit Rachedurst sich wehrten,
Und leider, was erbaut, in ihrer Wuth zerstörten.
Die Städte, die mit Pracht erst kurz zu Stande kamen,
Sie stürzten in den Schutt, verzehrt von Feuerflammen.
Das Heidenthum hielt noch der Deutschen Herz umschlungen,
Die Lehre Jesu war nicht bis hieher gedrungen,
Den Götzen opferten sie Menschen, Thiere, Feinde,
Und Blutdurst, Grausamkeit die Kriegesthaten einte.

Die Ansiedlung begann; die Voreltern betrauten
Sich mit der Fischerei, und nah' am Inn erbauten
Sie Hütten sich, dann später Häuser auch, betrieben
Den Handel, den der Strom in seinem Lauf' beschrieben.
Nun trat hervor an's Licht die reine Christuslehre:
Sanct Severin erschien, dass eifrigst er bekehre
Die Heiden, die noch treu an ihren Götzen hingen;
Es kostete viel Müh', zum Heile sie zu bringen.
Der heil'ge Emeran war bald darauf gekommen,
Von Bayerns Herzog selbst in Liebe aufgenommen;
Er schloss an Severin sich an und laut verkünden
Sie Gotteswort im Land', das Christenthum zu gründen.

Der treue Prediger Sanct Emeran, unverschuldet
Hat er bei Helfendorf den Martertod erduldet.
Die schändlich rohe That, die füllt mit Schmerz und Grauen
Des Bayerns Herzog Herz; er liess ganz neu erbauen
Die Kirch' Sanct Emeran zu Regensburg, begraben
Den heiligen Mann, beseelt von hohen Geistesgaben.
Bald sah man Gottes Wort gar reichlich sich verzweigen,
Mit mildem Sitten Fleiss und Ruhm und Wohlstand steigen;
Der Handwerksstand belebt die regen Bürgerreihen,

Und mit ihm blüht und wächst ein kräftiges Gedeihen.
Die Häuser werden bald in Strassen eingereihet,
Und Tempel neu ersteh'n, dem Herrn und Gott geweihet.

Durch fromme Stifter sind die Kirchen all' entstanden,
Und die Famil'en selbst sich immer enger banden.
Ein Wahlgesetz erschien, nach Würde ward gewählet,
Ein Bürgermeisteramt und hoher Rath bestellet. .
Ein Rathhaus ward erbaut, es pranget noch hienieden,
Und Rosenheim in äussern — innern Markt geschieden.
In Chiemsee, Attl, Rott sah Klöster man entstehen,
Für Kapuziner ward ein Kloster hier ersehen.
Und rief des Herzogs Wort die Krieger zu den Waffen,
Die Jünglinge beherzt zu seinem Banner trafen,
Mit Muth begabt für Thron, für theure Heimatsbande
Erglühten sie im Streit', galt es dem Vaterlande.

Viel Kriege wilder Art das Vaterland verheerten,
Und Rosenheims Bezirk mit herbem Leid beschwerten.
Die Lasten waren gross und kaum oft zu ertragen,
Der Glaube nur an Gott gab Trost in diesen Tagen,
Und Plünderung und Mord und böse Frevelthaten
Verübten Ungarns Volk, die Böhmen und Kroaten.
Des Brandes Fackel oft den schönen Markt erhellte,
Der Feind in Wuth und Grimm sich vor die Wälle stellte.
Doch Gottes schützend' Hand erstarkt das Herz, das bange,
Und wahrte Rosenheim vor seinem Untergange,
Und die Bewohner kaum sich von der Angst erholten,
Schon wieder nah und fern die Kriegesdonner rollten.

Die Krieg' mit Oesterreich und Frankreich heiss entbrannten,
Und Freund und Feinde Heer den Weg hieher sich bahnten.
Auf Contribution, auf Last und schwere Bürden

Franzosen wiederholt die Plünderung vollführten.
Viel Häuser standen leer und die Famil'en einten
In gröss'rer Wohnung sich, entflohen ihren Feinden.
Die Drangsal war so gross, kaum war sie zu ertragen,
Der Leidenden Gebet erscholl in Schmerz und Klagen.
Auch sah man in Tirol den Aufstand sich noch bilden,
Doch später brach die Macht in Russlands Eisgefilden.
Napoleon, besiegt — nach schwerem Kampf und Mühen —
Verschwand, mit ihm der Krieg, die Friedenspalmen blühen.

Die Gegenwart belebt, bereichert die Gefilde,
Und Rosenheim erscheint in reizend schönem Bilde:
Gewerb und Handel blüh'n im günstigsten Verbande,
Es prangt der Heimatsort als schönster Markt im Lande.
Es quillt ein reicher Born, der Heimat zum Gewinne,
Es krönet Rosenheim die herrliche Saline.
Gesetze weis' und gut zum Schutz für Jeden walten,
Die Eisenbahnen hier ihr Wirken reich entfalten,
Nach allen Orten hin sich ihre Kräfte schwingen,
Und Telegraphen stets die schnellste Kunde bringen.
Ein Heilbad, hochgerühmt, das grüne Matten kleiden,
Führt Gäste uns herbei, befreiet sie von Leiden.

Die Land- und Feuerwehr zum Schirm und Schutz sich reihet,
Und Wohlstand, Bürgerglück aufs Kräftigste gedeihet.
Der Priesterstand sich müht, der Seelen Heil zu wahren,
Und um die Lehrer sich die Kinder freudig schaaren.
Wo beide Stände sich zum Wirken eng verbinden,
Kann Bildung, Unterricht auch sein Gedeihen finden.
Und wenn die Eltern treu mit ihren lieben Kleinen,
Voll Eifer für die Schul', mitwirkend sich vereinen,
O dann erblühet Heil, dann fängt es an zu tagen,
Und die Erziehung kann die schönsten Früchte tragen.

Voll Dankes blicken wir zum Himmel zu dem reinen,
Am Schlusse zum Gebet wir uns voll Andacht einen:

„Blick' Vater! heut' herab von Deinen Himmelshöhen,
Erhöre gnädig uns, erhör' der Kinder Flehen!
Lass schützend Deine Hand auch in der Zukunft walten,
Und segensvoll, o Herr, das Beste sich gestalten!
Send' Segen, Glück und Heil und dauernd Wohlergehen,
Lass über diesen Ort die Friedenspalme wehen!
Schirm' unser Königshaus, schirm Scepter du und Krone,
Spend' hohes Wohlsein, Heil dem hohen Herrscherthrone!
Krön' Du der Bürger Fleiss, ihr Wirken und ihr Streben,
Und lass' den Eltern Freud' an Kindern einst erleben.
Und unter Deinem Schutz lass' immerhin uns stehen,
Und rufen voll Vertrauen: Dein Wille soll geschehen!"

II. Lage und Klima Rosenheims.

Rosenheim liegt an der südlichen Gebirgskette Oberbayerns zwischen den beiden Hochufern der Mangfall
und des Innstromes unter 29° 48' 01" östlicher Länge
und 47° 51' 22" nördlicher Breite in einer Höhe von
1467 bayer. Fuss über dem mittelländischen Meere in
einer sehr gesunden und milden Ebene, ist 19½ Bahn-
stunden von München, 24 von Salzburg und 9 von Kufstein entfernt und der Knotenpunkt der Eisenbahnen von
Wien nach Paris und von Venedig über Innsbruck nach
Frankfurt, welche wohl in nicht gar zu langer Zeit
durch eine weitere Bahn, nämlich von Rosenheim über
Wasserburg, Straubing, Cham und Pilsen nach Prag als

die geradeste direkte Verbindung von Verona nach Prag vermehrt werden dürften.

Die ältesten gedruckten Beschreibungen von Merian, Ertl und Wenning sagen: „Rosenheim, ein stattlicher Markt, am Innstromb entlegen, nächst dem Gepirg, etlich wenig Stundt von der Kaiserlich Graffschaft Tyroll — und ist allda gar gesund und lustig wohnen." Epidemien haben zu keiner Zeit in Rosenheim geherrscht. Seit dem 55jährigen Bestehen der k. Saline hat sich der ohnediess günstige Zustand der Atmosphäre noch mehr dadurch verbessert, dass dieselbe durch das stets fortgesetzte Versieden der bedeutenden Quantität von Soole mit chlor- und salzsauren Dämpfen und anderen salinischen Stoffen geschwängert wird, was von besonderer Einwirkung auf das Haut- und Lungen-Organ ist. Die Gesundheits-Verhältnisse der Bewohner Rosenheims sind demnach die günstigsten.

Die niedere Lage (gegen München um 273′ und gegen Aibling um 179′) vergönnt äusserst selten das Vergnügen einer Schlittenbahn. Ein altes Volkssprichwort sagt auch, da der Schnee selten lange liegen bleibt: „Rosenheim steht auf der Hölle." Des milden Klima's wegen wird hier der Maulbeerbaum gepflegt und schöner Hopfen erzielt. Die mittlere Temperatur berechnet sich für die verschiedenen Jahreszeiten: Frühling auf $+7$, Sommer $+14$, Herbst $+7$, Winter -1 Grad Reaumur. Besonders bemerkenswerth für die Gegend Rosenheims ist der Südwind, welcher schnell trocknet und in der vulgären Benennung Erlerwind bezeichnet wird, weil er aus dem Tyrolerbergzuge über das Dorf Erl längs des

Inns auf die Ebenen Bayerns sich verbreitet. Wenn er am Morgen etwas kühl weht und gegen Mittag mit dem Ostwinde wechselt, so bleibt der Tag schön und heiter; bläst er aber den Tag über oder gegen Abend warm, so folgt schlechte Witterung.

Als Kennzeichen einer guten Sommerwitterung wird folgende allgemeine Erfahrung angesehen: Der Erler-wind muss bis läugstens 11 Uhr Vormittags wehen, dann der Ostwind. In der Regau, einer Bergeshöhe mit Alpen-hütten, eine Stunde von Brannenburg entfernt und süd-westlich von Rosenheim gelegen, darf Morgens kein Nebel sein und der Wendelstein, ein 6278′ über die Meeresfläche erhabener, durch seine Kuppelform hervor-ragender Berg der oberbayerischen südlichen Gebirgskette, keine Mütze aufhaben, sonst ist Regen oder Donnerwetter unvermeidlich.

III. Das Mineral-, Soolen- und Moorbad.

Das Mineralbad ist eines der ältesten Bäder Bayerns und hat sich durch seine Heilkraft einen eu-ropäischen Ruf erworben.

Obwohl vorliegende Daten zu beweisen scheinen, dass diese Mineral - Heilquelle schon den Römern bekannt gewesen sei, und die Auffindung von Bade-röhren, die von Westerndorf′in der Richtung gegen die Heilquelle sich vorfanden, auf das ehemalige Be-stehen eines römischen Bades entweder in dem von dem jetzigen Bade ½ Stunde entfernten Westerndorf oder in der nächsten Nachbarschaft schliessen lässt, welche Meinung auch die k. Akademie der Wissenschaften in einer Abhandlung vom Jahre 1808 ausgesprochen hat: so wird doch stets Tobias Geiger, der Arzneiwissenschaft Doctor und Markts-Physikus, als Auffinder der Mineralquelle und Erkenner der Heilkraft derselben bezeichnet. Als Besitzer des Bauernhofes zu Haustett pflegte derselbe häufig dahin zu gehen und entdeckte auf dem dahin führenden Wege, eine Viertelstunde vom jetztigen Bade in westlicher Richtung entfernt, die Heilquelle durch die gelbe Erde, welche am Gestade ihres Rinnsales besonders im Frühjahre und Sommer aufgeworfen lag. Im Jahre 1615 untersuchte er das Quellwasser, Küpferling benannt, liess es, die Bestandtheile und Eigenschaften desselben erkennend, in seine am Markte Rosenheim gelegene Behausung leiten und empfahl es der leidenden Menschheit zum Badgebrauche.

Als im Jahre 1618 Dr. Tobias Geiger als Hofmedicus in das von den bayerischen Herzogen besonders fortwährend dotirte Hof- oder Herzogsspital nach München berufen wurde und im Jahre 1620 mit dem Kriegsheere nach Böhmen ging, kam das Bad, als eine blosse Privatanstalt eines hell sehenden, von dem Orte seiner früheren Berufsthätigkeit und seiner wissenschaftlichen Bestrebungen entfernt gehaltenen Mannes mehr oder minder in Vergessenheit.

Die Jahre 1699, 1710, 1720 und 1730 bezeichnen die durch die Heilquelle erreichten Erfolge als Wunderkuren.

Eine im Stiegenhause des I. Stockes im Bade angebrachte Tafel enthält folgende Inschrift:

O heiligste Dreifaltigkheit
Dir sei Lob Eher in Ewigkheit
Dass du unss disse gnadenquell
Beflehret hast an Jene stell
Allwoe die Muetter Gottess werth *)
All Zeit mit Andacht wird verehrt
Und der heilig Sebastian **)
Umb hilfe wyrd gerueffen an.
Durch deren Vorpitt hoffen wir
Die Gnaden Gottess fir und fir
Und du Patron dess Vatterland
Sankt Benno Raich dein Wunderhand,
Dass bei dissen pron der Gnaden
Die Krankhe welche Allda paden
Hundert und vierundzwanzig stund ***)
Erlangen mögen Ihren Gsuntt
Nun bitten wir o Grossergott
Sieh an der Armen krankhen noth
Erhalt den Fluss in seiner khrafft
Damit er ihnen Hilff verschaff
Dank werden sie für Deinen Segen
In deiner Muetter Hauss ablegen.
Anno 1700.

---

*) Die St. Loretto-Kapelle.
**) Die Kapuzinerkloster-Kirche.
***) Im sechzehnten und siebenzehnten Jahrhunderte
hielt man eine Badekur für vollendet, wenn selbe in 124
Badestunden, deren Zahl auf 32 oder auch mehrere oder
weniger Tage vertheilt war, gebraucht wurde.

Nachdem im Jahre 1696 der Markts-Physikus Bonifaz Marian Schwelmayr in einem Schreiben den Magistrat aufforderte, „zu Erhöhung des Gnaden-Schatzes des Küpferlings möglichst helfen zu wollen", schrieb der damalige Pflegsverwalter Franz Benedikt Greschpekh unter'm 11. März 1700 gleichfalls an denselben: „Es sei vorhin bewusst und zeige auch die unwiderstehliche Experienz, was gestalten das alhie so benamste Küpferlingwasser albereits verschiedenen Zuständen, wobei berühmter Medicorum angewandte Medicamenta fruchtlos geblieben, erspriesslich gute Wirkung gethan. Man solle desshalb dem Allgütigen Gott derorten billig danken, und er mache kraft seines Amtes Erinnerung, dass man ermeldetes Wasser, wovon seiner Zeit einer ganzen Gemeine unzweifentlich Nutzen erwachsen werde, unverlängert näher zum Markt führen und sich diesen Gnadenfluss zu Nutzen machen solle."

Auf diese Ermahnung hin liess der Magistrat den Küpferling hereinleiten und der damalige Rathsherr Wolfgang Jakob Ruedorffer war es, den die Geschichte als den Wiedererwecker des Rufes der Heilquelle bezeichnete, indem er in eines seiner Häuser, welches er ausserhalb des Marktes bei Loretto besass und auf demselben Platze, wo das jetzige Bad sich befindet, stand, das Mineralwasser in hölzernen Teichen leiten liess, daselbst eine Badanstalt errichtete und die Genehmigung der Hofkammer hiezu nachsuchte.

Von diesem Zeitpunkte an ward der Ruhm der Rosenheimer Heilquelle gesichert, indem in Folge des Zuströmens der Kranken zu dieser Wunderquelle schon

im Jahre 1716 eine Vergrösserung des Hauses nothwendig war.

Nach dem Tode des Wolfgang Jakob Ruedorffer, —
dessen Porträt die Inschrift trägt: „Wolfgang Jakob Ruedorffer des Ihner Raths Burgermeister wie auch Vhr-
heber des Häulpadt negst Maria Loretha zu Rosenbaimb
vnd verwalter der hausarmen Leithen. Aetatis suae 67
Anno 1724" — übernahm seiu Sohn Johann Jakob Ruedorffer das Bad.

Das alte Bad.

Auf dessen Veranlassung verfertigte der damalige
Markts-Physikus Dr. G. Th. Willand im Jahre 1744
die erste Beschreibung dieses Heilwassers, welche den
Titel führte: „Kurz jedoch gründlicher Entwurf des

nächst Rosenham ausflüssenden Gesundbrunnes, sogenannten Kupferling.“

Zu diesem Werkchen liess der damalige Bürgermeister
eine Vorrede drucken, worin er bemerkt, dass der
churfürstliche Markt Rosenheim unter andern dermalen
solchergestalten hoch beglückt sei, indem selber mit
einem dermassen kostbaren Gesundbrunnen versehen,
welcher in einigen Jahren nicht allein denen von anderwärtigen Orten angekommenen hoch und niederen Standespersonen, sondern auch der hiesigen Bürgerschaft
in verschiedenen Gepressten absonderliche Hilfe verschafft hat, schlüsslich aber auch die Hoffnung beifügte,
dass der Bürgermagistrat den Gemeindevortheil
durch dieses Gesundbad beherzigen werde.

Hier erwähnt Herr Landrichter Joseph von Klöckel
in seiner im Jahre 1815 herausgegebenen Beschreibung
von Rosenheim: „Doch wie im universalen, so im gemeinen Leben erhebt sich der Esprit de Commune nur
zeitenweise und in einzelnen Personen. Verlassen sie
den Horizont, so war es um die frommen Wünsche
und ächten Ansichten für lange wieder geschehen.“

Ob dieses bezüglich des Heilbades auf die neuere
Generation auch Anwendung finden dürfte, muss der
Verfasser dieser Schrift bei der ihm in dieser Hinsicht
vielleicht etwas unklar gewordenen Anschauung mit
Stillschweigen übergehen.

Von Johann Jakob Ruedorffer gelangte das Bad durch
die Verheirathung seiner Tochter an den Weinhändler
Franz Karl Gaigl und von diesem an seinen Sohn Sebastian Gaigl. Unter steten Verbesserungen und Er-

weiterungen der nachfolgenden Besitzer erwarben diese Heilanstalt durch Kauf im Jahre 1809 der Weinwirth Georg Amann, 1837 der praktische Arzt Dr. Michael Halbreiter, 1857 der Guts-besitzer Ludwig Gassner und letztlich im Oktober 1863 der nunmehrige Badbesitzer Carl Lehr.

Zwei Marmorgedenksteine, welche neben der Tafel mit der das Heilwasser besonders belobenden Inschrift in der Mauer angebracht sind, er-innern an die in den Jahren 1772 und 1858 erfolgten Besuche der Anstalt durch einen Kirchenfürsten und durch Se. Majestät den Aller-höchst seligen König Maxi-milian II. Die letztere Ge-denktafel trägt die Inschrift: „König Maximilian II. von Bayern bewohnte am 16. und 17. Juli 1858 die Pa-villonszimmer des Bades Ro-senheim", während auf der ersteren verzeichnet ist: „Ludwig Joseph, Bi-schoff zu Freisingen, den 7. Juli 1772."

Das jetzige Bad.

Eine Meinung einerseits, welche die Rosenheimer Mineralquelle als einen Zusammenfluss von Mooswasser, da solches meistens geschwefeltes Eisen und luftsauren Kalk enthält, bezeichnete, zu widerlegen, anderseits aber auch, um die Bestandtheile dieser Heilquelle genau zu erfahren, wurden zu verschiedenen Zeiten chemische Untersuchungen desselben veranlasst und jedesmal das Vorhandensein von Salzen begründet, welche kein Mooswasser enthält. Ohne vorerst auf diese chemischen Untersuchungen einzugehen, sei erwähnt, dass der Grund und Boden, auf welchem die Heilquelle Küpferling entspringt, cultivirt ist, ohne dass die Quantität der Quelle abgenommen hat, dass die Quelle hell und klar ist und perlet, während das Mooswasser an Geruch, Geschmack und Farbe bedeutend differirt, und dass endlich dieselbe Sommer wie Winter durchaus gleiche Temperatur behält und selbst im strengsten Winter nicht gefriert, Mooswasser aber bekanntlich dem Wechsel der Temperatur unterliegt.

Nachdem nun Dr. Tobias Geiger im Jahre 1615 die Heilkraft des Wassers als eine vorzügliche bezeichnete, ward die erste chemische Untersuchung desselben im Jahre 1701 von Dr. Hueber, Stadt- und Landschafts–Physikus zu Landshut, vorgenommen, welchen der Magistrat hierum folgendermassen ersuchte: „Es seien neuerlich wieder drei Wunderheilungen an contracten Personen geschehen, man habe den Brunnen hineingeleitet und bitte um des Herrn Doctors hochberiemftiges guetlachten, in was zustendten sich auf diesen Gesundtprunnen haubsächlich zu verlassen, vnd was vor mineralia derselbe fiebre, vnd wie solches zu gebrauchen sein mechte."

Die folgenden chemischen Untersuchungen des Rosenheimer Gesundbrunnens, welche im Jahre 1744 Georg Thomas Willand, philos. ac medicinae Doctor, dann Markts-Physikus allda und im J. 1773 Franz Alexi Schmid, der Weltweisheit und Arzneiwissenschaft Doctor, der churbayerischen Akademie der Wissenschaften Mitglied und Markts-Physikus zu Rosenheim, anstellten, stimmen mit allen anderen zu verschiedenen Zeiten veranlassten Analysen überein.

Nach den vom Medicinalrathe Dr. Johann Baptist Graf, dem bayerischen Balneographen, im Jahre 1805 vorgenommenen chemischen Untersuchungen nimmt die Quelle Rosenheims unter den Mineralwassern der südlichen Gebirgskette Oberbayerns unstreitig den ersten Rang ein. „indem kein anderes kohlenstoffsaures Eisen mit sich führt und überhaupt keines eine so glückliche Mischung von Schwefel, Kohlenstoff, Eisen und Laugensalz enthält."

Im Auftrage des k. Staatsministeriums des Innern ward diese Mineralquelle im Jahre 1825 vom Professor Dr. Vogel chemisch analysirt, nach dessen Untersuchung sich auf 100 Pfund des Wassers folgende Bestandtheile berechnen:

Schwefelwasserstoffgas .	10	Cubikzoll
Salzsaures Natron ⎫ . .	10	Gran
Salzsaures Kali ⎭		
Schwefelsaures Natron .	8	„
Kohlensaures Natron . .	6	„

Humus-Extract	. . .	10 Gran
Kohlensaurer Kalk	.	110 „
Kohlensaure Magnesia	.	50 „
Kohlensaures Eisen	. .	10 „
Kieselerde	. . . . .	10 „

Die Quelle, welche, wie schon bereits erwähnt, auf einem eine Viertelstunde in westlicher Richtung vom Bade entfernten Wiesengrunde aus purem, am Ende auf Kalksteinflötz oder Geschiebe ruhenden Sande entspringt, ist in zwei gutgemauerte, die Witterungs-Einflüsse abhaltende Häuschen gefasst und wird durch hölzerne Teichen in zwei im Badehause befindliche Reserven und zum Trinkbrunnen geleitet.

Drei Aerzte leisten den Kurgästen auf Verlangen die benöthigte ärztliche Hilfe.

Die Rosenheimer Mineralquelle hat sich stets bewährt zur Hebung von Hautkrankheiten, bei allen offenen Schäden, Geschwüren, bei Schwäche der Extremitäten von früher gewaltsam erlittenen Unfällen, z. B. Schusswunden, Beinbrüchen, bei Verrenkungen, chronischer Gicht und Rheumatismen mit Gichtknoten, Contracturen, steifen Gliedern, Schwinden, partiellen Lähmungen, besonders nach erlittener Apoplexie, bei Skorbut, Skropheln, namentlich aber in Bleichsucht und Hämorrhoiden, welche Zustände schnell Erleichterung unter geeigneter Leitung erhalten. Ganz vorzüglich eignet sich dieses Mineralbad für alle chronischen Kranken, deren Leiden im Unterleibe gegründet ist, ohne Unterschied des Alters und Geschlechtes, dann in Krankheiten aus Schwäche der Verdauungsorgane und der Gedärme, des Milzes, der Nieren, der Uringänge und Urinblase, der Leber, bei Mangel und Ueberfluss der weiblichen Epoche und in allen Nervenkrankheiten. Nach schweren Krankheiten, besonders nach langwierigen und hartnäckigen Fiebern, wird der vorhandene Zustand der Schwäche durch fleissigen Badgebrauch gehoben und die Thätigkeit und Kraft des Körpers wieder erlangt. Nach Dr. Schmidt's Beschreibung des Mineralbades und der neuen Sool-Badeanstalt zu Rosenheim vom Jahre 1821 soll nach den Kriegsjahren dasselbe grösstentheils von verwundeten Offizieren und Soldaten zahlreich besucht gewesen sein.

Dieses der leidenden Menschheit so erspriessliche Dienste gewährende Mineralwasser wurde in der Bade-anstalt zu Rosenheim allein angewendet, bis im Jahre 1821 die Geschichte der bayerischen Bäder Rosenheim als die erste S o o l - B a d e a n s t a l t in Bayern bezeichnete. Der damalige Landgerichtsarzt Dr. M a r t i n S c h m i d t zu Rosenheim war bekanntlich der Erste in Bayern, der die Soole zum Heilzwecke benützte und durch Be-mühungen es dahin brachte, dass in Rosenheim Bayerns erstes Soolbad durch die Gnade Sr. Majestät des Aller-höchstseligen Königs Maximilian I. und durch Aller-gnädigste namhafte Unterstützungen, durch die Erbau-ung eines eigenen Badehauses ins Leben gerufen wurde. Von diesem Augenblicke an wurden ausser den s t e t s b e s o n d e r s g e s u c h t e n M i n e r a l b ä d e r n auch Soo-lenbäder verabreicht, welche, in Verbindung mit dem Mineralwasser gebracht, dem Bade einen erhöhten Werth verleihen.

Das Auftauchen von Soolen-Badeanstalten ist in unserer

Zeit so vielfältig und die Anwendung der Soolenbäder so bekannt geworden, dass hier bloss die Analysen der Rosenheimer Soole und Mutterlauge, sowie die Wirkungen der Soolenbäder im Allgemeinen bekannt gegeben werden.

Die Rosenheimer Soole enthält nach Herrn Dr. Buchner's jun. chemischer Analyse vom Jahre 1842 in einem Pfunde zu 16 Unzen:

Chlornatrium (Kochsalz) . .	1739,807 Gran
Chlorkalium	2,465 „
Chlorammonium (Salmiak) . .	0,253 „
Chlormagnesium	17,081 „
Brommagnesium	0,113 „
	(= 0,097 Gran freiem Brom)
Jodmagnesium	Spuren
Schwefelsaures Natron (Glaubersalz)	30,650 Gran
Schwefelsauren Kalk	28,020 „
Kohlensauren Kalk	2,048 „
Kohlensaure Magnesia . . .	0,389 „
Kohlensaures Eisenoxydul . .	0,117 „
Kohlensaures Manganoxydul .	Spuren
Thonerde	0,048 „
Kieselsäure	0,192 „
Humus-Extract	Spuren „
Summa	1821,183 Gran.

Die Mutterlauge, d. i. der nach der Gewinnung des Kochsalzes übrig bleibende Rückstand hat nach Herrn Dr. Buchner's jun. Analyse vom Jahre 1842 in einem Pfunde zu 16 Unzen folgende Bestandtheile:

Chlornatrium (Kochsalz) . .	1387,442	Gran
Chlorkalium	43,993	„
Chlorammonium (Salmiak) .	0,123	„
Chlormagnesium	428,861	„
Brommagnesium . . , . .	9,349	„
	(= 8,046 freien Brom)	
Jodmagnesium	Spuren	
Schwefelsaure Magnesia (Bitter-		
salz)	76,150 Gran	
Chloreisen	Spuren	
Kohlige Substanz	Spuren	
Summa	1945,918 Gran.	

In beiden Analysen sind alle Salze im wasserfreien Zustande berechnet.

Die Wirkung der Soole, welche auf Verlangen mit gewöhnlichem süssen Wasser, meistens aber mit dem vortrefflichen Mineralwasser in von den Aerzten vorgeschriebener Quantität zu Bädern benützt wird, äussert sich besonders bei Flechten und Krätzausschlägen, skrophulösen Geschwüren, bei Lähmungen, in Drüsen-Anschwellungen des Halses und Unterleibes, in skrophulösen Augenentzündungen und Leukorrhoe, in skrophulösen Affectionen des Blutes, der Schleimhäute und der Knochen, in chronischen Rheumatismen und Gicht, bei nicht zu sehr veralteter oder bereits mit Desorganisation verknüpfter Arthritis, bei trägem Blutlauf der Pfortader, Anschwellung der Leber, Dickleibigkeit, in Frauenzimmerkrankheiten, als Amennorhoea, Dysmennorhoea, Krämpfe vor dem Eintritte der Periode, Metrorhagia, fluor albus und Bleichsucht, nach erlittenen Beinbrüchen, nach Schusswunden und anhaltendem Säfteverluste.

Die Mutterlauge unterscheidet sich von der Soole besonders dadurch, dass ihr Gehalt an Kochsalz geringer und der von Brom und Bittersalz grösser ist. Mutterlaugenbäder wirken viel stärker und irritirender auf die Haut- und Lymphgefässe als die Soolenbäder, daher sie mit Erfolg bei Skropheln und zur Erweckung der Thätigkeit der Geschlechtsorgane, namentlich bei gänzlichem Mangel und sparsamem Vorhandensein der Periode, angewendet werden.

Die Soole (S. 23) und die Mutterlauge, welche unter gewissen Bedingungen der jeweilige Badbesitzer von der k. Saline Rosenheim erhält, wird immer kalt dem Bade in jeder vom Arzte vorgeschriebenen Quantität unmittelbar vor dem Einsteigen zugesetzt.

Die Moorerde zu den Moorbädern wird aus der untersten Schichte des 4—5′ tiefen Moor- und Torflagers bei Grosskarolinenfeld, eine Stunde von Rosenheim entfernt, genommen, welche nach Herrn Hofraths Vogel angestellter chemischer Analyse Humus, Humussäure mit Kalk, Gyps, organisch vegetabilische Ueberreste und in der Asche Eisenoxyd, kohlensauren Kalk mit kohlensaurer Magnesia, Thon- und Kieselerde enthält, aber von Sand und Steinchen gänzlich frei ist. — Zur Bereitung der Moorbäder wird eine bestimmte Quantität, gewöhnlich 2—3 bayer. Metzen Moorerde mit dem kochenden Mineralwasser, das wegen seines Schwefel- und Eisengehaltes und der hiedurch verursachten Verstärkung der Schlammbäder hiezu besonders von den

Aerzten empfohlen wird, so lange in einer grossen
Wanne abgerührt, bis die Masse gleichmässig erwärmt
ist, und hierauf unter stetem Umrühren noch mehr Wasser und je nach Anordnung des Arztes eine von demselben zu bestimmende Quantität von Soole oder Mutterlauge hinzugesetzt.

Der k. Bezirksarzt Hr. Dr. Desiderius Beck
in Aibling, welcher sich um die Einführung, Einrichtung und Anwendung der Moorbäder in Bayern besondere Verdienste erworben hat, sagt in seiner Schrift
hierüber:

„Ein Schlamm-(Moor-)Bad wirkt nicht allein unmittelbar auf die Haut, sondern auch ganz eigenthümlich
auf das unter derselben befindliche Zellgewebe, auf
die Muskeln mit ihren Sehnen, auf die Saugadern, Nerven,
selbst auf die Knochen mit ihren Bändern und Gelenk-
kapseln; sein Gebrauch muss sich somit in vielen Krankheiten der genannten Systeme als äusserst heilsam erweisen, weil es bei Schwäche und Reizlosigkeit der
Theile diese vermöge seiner Eigenschaften stärkt, um-
stimmt und im Einzelnen sowohl wie im Ganzen die
Vitalität erhöht.“

Nach dessen gemachten Beobachtungen und Erfahr-
ungen erweisen sich die Moorbäder als besonders wirk-
sam bei der trockenen und nässenden Hautflechte, der
chronischen und unregelmässigen Gicht mit ihren mannig-
fachen Beziehungen als latente, larvirte, atonische, flie-
gende etc., in verschiedenen rheumatischen Lokal-Affec-
tionen, im Hüftweh, in nervösen Leiden, denen eine
sensible und irritable Schwäche zu Grunde liegt, da-

her in der Hysterie und Hypochondrie (sine materia),
in Lähmungen, welche nicht in Folge von Apoplexie
entstanden sind. In diesen letzteren Fällen ist nach
dem Schlammbade die Anwendung eines kalten Strom-
oder Regenbades von besonderem Vortheile. Bei lym-
phatischen und auch serösen Infiltrationen der Unter-
schenkel, bei schmerzhaften Krampfadern und varikösen
Geschwüren (den sogenannten Kindsfüssen der Frauen),
auch bei anderen veralteten Fuss- und scrophulösen
Knochen-Geschwüren (Beinfrass) sind die Moorschlammbäder das beste Mittel, dessgleichen als Nachkur nach
unvollkommen geheilten äusseren Verletzungen, nach
Quetschungen, Beinbrüchen, Verrenkungen, wenn in deren
Folge Steifheit oder Anschwellung zurückgeblieben ist.

Umschläge von warmem Schlamm auf den Leib sind
von vortrefflicher Wirkung bei Leber- und Milzleiden,
nämlich bei Auftreibung und Vergrösserung dieser Or-
gane durch Vollblütigkeit, trägen und gestörten Blutlauf
(Hyperämose, Hypertrophie) in Verbindung mit dem
Genusse eröffnender Mineralwässer, zu welchem Behufe
auch der hiesige Gesundbrunnen (s. S. 60) besonders zu
empfehlen ist.

Dr. Oberlechner, Stadt-Physikus in Salzburg,
rühmt die Moorschlammbäder nicht nur in Krankheiten,
sondern auch „im Alter, wenn die Faser fester, die
Gefässe dichter, die Nerven unempfindlicher werden"
und behauptet: „Wer gut gebaut ist, ein sanftes, ruhiges
Gemüth hat, wer nicht zu viel lebt (intensive) und endlich der Schlammbäder sich bedient, der erreicht das
höchste Alter. Medea kochte Kräuter in einem Kessel,

setzte dann den gebrechlichen alten Vater des Jason hinein und der Greis wurde zum Jüngling umgeschaffen. Wer den Mythos nur in etwas zu deuten vermag, der muss erkennen, dass hier Wahres enthalten ist." — Douche-Bäder jeder Art, Fichtennadel- und andere Bäder, sowie sorgfältig bereitete Ziegenmolken werden in der Anstalt verabreicht. Frisch gepresste Kräutersäfte bereitet der hiesige Apotheker Hr. Dr. Rieder.

Nördlich ausserhalb Rosenheim befindet sich die Bade-Anstalt, welche sich ihrer bewährten Heilkraft halber stets eines starken Besuches von einer grossen Anzahl Hülfe Suchender und Findender zu erfreuen hat.

Die Zahl der Kurgäste, sowie der abgegebenen Bäder betrug:

Im Jahre 1857:	267 Kurgäste,	4091 Bäder,
„ „ 1858:	343 „	5187 „
„ „ 1859:	327 „	4904 „
„ „ 1860:	348 „	5210 „
„ „ 1861:	331 „	5021 „
„ „ 1862:	342 „	5172 „
„ „ 1863:	353 „	5252 „
„ „ 1864:	482 „	4750 „

Die ganz frei stehenden Gebäulichkeiten der Anstalt sind von herrlichen englischen Gartenanlagen mit dem Trinkbrunnen und von prächtigen Wiesen und schattigen Alleen und Laubgängen umgeben, von keiner Nachbarschaft belästigt, und befinden sich nur in nächster Nähe die St. Loretto-Kapelle und etwas weiter entfernt das Kapuzinerkloster mit seiner hübschen, freundlichen St. Sebastianskirche. Das Wohn- und Nebengebäude enthält nebst einem im zweiten Stocke des Hauptbaues befindlichen, mit einem Klavier versehenen grossen Saale und einem Belvedere mit schönster Fernsicht 53 Gast- und Fremdenzimmer, für welche mit anständigem und reinlichem Meublement per Tag 30 kr. bis 1 fl. 30 kr. berechnet wird; im Nebengebäude sind die benöthigten Stallungen angebracht. Das Badhaus, welches die Inschrift:

Non est vivere, sed valere vita!

(Nicht leben, nur gesund sein, heisst leben.)

trägt, ist durch einen bedeckten Gang mit dem Wohngebäude verbunden; ebener Erde befinden sich die Mineral- und Soolenbäder für Herren und über 1 Stiege für Frauen, und die Moor- und Douchebäder in einem am Badgebäude hergestellten Anbaue. Im Ganzen sind 40 Badekabinete vorhanden.

Das Mineralbadewasser wird aus den Reserven und Pfannen in gusseisernen und bleiernen Röhren in die Wannen geleitet. — Für Herren ist ein Badewärter und für Frauen eine Badewärterin aufgestellt, welche den besonderen Auftrag haben, ein stetes, unablässliches Augenmerk auf die jeder Badeanstalt als erstes Erforderniss nöthige Reinlichkeit zu haben.

Die Preise der Bäder sind folgende:

Ein Mineralbad kostet 24 kr., ein Mineral-Soolen- und ein Mineral-Mutterlaugen-Bad, gleichviel ob mit Zusatz von mehr oder weniger Soole und Mutterlauge, je 30 kr., ein ganzes mit Soole oder Mutterlauge oder Mineralwasser bereitetes Moor- nebst dem Reinigungsbade 1 fl, ein Moor-Hand-, Arm-, Fussbad 12—30 kr.,

ein Moorumschlag 12 kr. Für die Bedienung des Bade-
wärters oder der Wärterin sind bei einem Mineral-
oder Soolenbade 3 kr., bei einem ganzen Moorbade 6 kr.
festgesetzt.

Der Mittagstisch an der um 12½ Uhr beginnenden
Table d'hôte kostet 36 kr. und besteht gewöhnlich mit
täglicher Abwechselung in vortrefflicher und hinlänglicher
Bereitung aus Suppe, Rindfleisch mit Assietten, Gemüse
mit Beilage, Braten mit Salat oder Compot und Mehl-
speise. Es besteht noch ein weiterer Tisch zu 24 kr.
und einer für die Dienerschaft zu 15 kr. Abends wird
nach der Karte gespeist. Bei auf dem Zimmer ver-
langtem Mittags- und Abendtische tritt eine kleine Erhöhung der Preise ein.

Für Getränke aller Art, welche wegen Benützung
eines eigens erbauten Eiskellers stets frisch zu haben
sind, ist bestens gesorgt; die Tasse Café kostet ohne
Brod 8 kr., Chocolade 12 kr. und die Portion Thee 12 kr.

Für die wöchentlich zweimal im Kurgarten statt-
findende Musik werden à Person 12 kr. in Rechnung
gebracht.

Ausser den bereit stehenden Zimmern im Badwohn-
gebäude werden auch in der Stadt von Privaten und
Gasthofbesitzern Zimmer an Badegäste vermiethet. Mit
der Heilanstalt ist zugleich auch ein Gasthof verbunden,
welcher auch ausser der Badezeit von Fremden besucht wird.

Bevor die Beschreibung der Umgegend Rosenheims
und der zahlreichen Partien, zu welchen beinahe aus-
schliesslich die Eisenbahn benützt werden kann, folgt,

dürften die Anführung ärztlicher Aeusserungen über die Nachtheile der künstlichen Mineralwasser, dann einige Worte über die Art und Weise des Gebrauches der Bäder und namentlich der Trinkkur, sowie über allgemeine Verhaltungsregeln der Kurgäste nicht überflüssig erscheinen.

Dr. Bourdon sagt: „Gehe nach den Quellen der Natur; die Natur ist bei weitem besser als das Laboratorium. Ich kann den Gebrauch der künstlichen Mineralwasser nicht genug tadeln. Sie ersetzen niemals die natürlichen Quellen."

Dr. Constantin James, der die verschiedenen Wasser-Heilanstalten Europa's untersucht und verglichen hat, äussert sich hierüber in seinem Handbuche: Führer nach den Mineralbädern:

„Künstliche Mineralwasser, selbst bester Fabrikation, sind, vom medicinischen und chemischen Standpunkte angesehen, nur eine ärmliche Nachahmung der wirklichen ächten Wasser, deren Namen sie sich anmassen; sie wirken ohne Zweifel nachtheilig, indem sie dem Zwecke des Arztes nicht entsprechen und werfen nebenbei einen Misskredit auf das ächte Produkt. Ein Einwand, den oft Patienten, wenn ihnen der Gebrauch der Mineralwasser angerathen wird, machen, ist der, dass sie und zwar erfolglos die künstlichen versucht hätten. Als ob diese nur im Geringsten zu vergleichen wären!"

Die zum Gebrauche des Bades dienlichste Jahreszeit sind die Sommermonate und zwar zwischen dem 15. Juni und 15. September, obwohl auch der Monat Mai und die erste Hälfte des Monates Juni, wenn nicht später oder kühler Frühling eintritt, die angenehmste Zeit ist. Eine vollständige Badekur erstreckt sich gewöhnlich auf 3—4 Wochen; besondere Zustände aber erheischen öfters eine Verlängerung dieser Zeitbestimmung. Jeder Kurgast versehe sich bei seiner Abreise in das Bad hinlänglich mit warmer Kleidung, da selbst im Hochsommer, wenn auch nur auf kurze Zeit, kalte und rauhe Witterung eintreten kann, welche für den Badenden besonders empfindlich ist. Mit von der Reise ermüdetem oder sehr geschwächtem Körper zu baden, ist schädlich, und soll man desshalb vor dem Badgebrauche der Ruhe und der Erholung pflegen. Daher sind auch anstrengende, zwei oder mehrere Tage andauernde Partien von den Kurgästen soviel als möglich zu vermeiden, da ausser dem hiedurch veranlassten Unterbrechen der Badekur mehr oder minder eine Ermüdung des Körpers eintritt. Wer die hiesige Umgegend in weiterer Ausdehnung kennen lernen will, der unternehme solche Partien nach ganz vollendeter Badekur. Will der Badegast schnellen und günstigen Erfolg seiner Kur, so muss er frei von Geschäften, Sorgen und Kummer, und heiteren Gemüthes sein und unbedingtes Vertrauen auf die gebotenen Heilmittel haben.

Die Rosenheimer Mineralquelle wird seit ihrem Bestehen namentlich auch zur Trinkkur gebraucht. Sie wird pur oder mit Wein und alsdann entweder mit Burgunder oder einem anderen guten, ächten Weine gemischt getrunken, was namentlich an Magenschwäche Leidenden besonders zu empfehlen ist. Seitdem aber das Mineralbad zugleich eine Soolen-Badeanstalt geworden ist, wird

je nach ärztlicher Ordination auch Soole oder Mutterlauge, welche im Trinkbrunnen in damit gefüllten Fäss-
chen vorhanden sind, mit dem Mineralwasser derart ge-
mengt, dass man auf ein Quartglas des letzteren gewöhnlich einen Löffel voll Soole oder Mutterlauge bei-
mischt, welch' sehr beliebte Trinkkur die besten Erfolge lieferte. Der Geruch des Rosenheimer Mineralwassers ist mit jenem zu vergleichen, den man beim
Ausputzen eines frisch abgeschossenen Feuergewehres
wahrnimmt. Der Geschmack desselben ist gelinde zu-
sammenziehend, tintenhaft, schwefelicht und der eines
längere Zeit in einem eisernen Geschirre aufbewahrten
Wassers. Es ist nicht unangenehm zum Trinken, wird
aber vielen Badegästen Anfangs widerlich vorkommen,
welche es jedoch in ein paar Tagen leicht gewöhnen
und dann gerne trinken werden. Viele langjährige Badegäste behaupten, dass dieses Mineralwasser, mit Soole
oder Mutterlauge gemischt, die Eigenschaften des Ra-
koczy habe.

Der Kurgast, welchem neben dem Baden das Trinken
der Quelle mit oder ohne Zusatz verordnet ist, begebe
sich des Morgens zwischen 5—7 Uhr an den in Mitte
der grossen und schönen Gartenanlagen befindlichen
Trinkbrunnen und trinke unter pünktlicher Befolgung
der ärztlichen Anordnungen bezüglich der Quantität und
obenerwähnter Mischung in Zwischenräumen, während
welcher er in hinlänglich warmer Kleidung bei schöner
Witterung im Kurgarten, bei schlechter auf den grossen
Gängen des Hauptbaues oder im Saale eine mässige Bewegung gemacht, die frisch geschöpfte Quelle.

Die beste Zeit zum Baden ist Morgens von 8—10 Uhr. Soll auf Anordnung des Arztes der Kurgast des Tages zweimal baden, was jedoch höchst selten und nur ausnahmsweise zu geschehen pflegt, so wähle man hiezu die Abendstunden und zwar wenigstens 4 Stunden nach dem Mittagstische, um die Verdauung nicht zu stören. Mit erhitztem Körper oder nach durch Schrecken, Zorn etc. hervorgerufener Erregung sogleich zu baden, ist schädlich.

Die Mineral- und Soolenbäder dürfen nie zu heiss oder zu kalt, sondern müssen lauwarm mit 22—25° Reaumur, die Moorschlammbäder aber mit 28—30° Reaumur genommen werden, weil letztere auch bei einem höheren Temperaturgrade nicht so sehr erhitzen und überhaupt milder und besänftigender wirken. Das Reinigungsbad, welches nach dem Verlassen des Moorbades demselben zum Reinigen des Körpers von den noch an demselben zurückgebliebenen Theilen des Schlammes zur Seite angebracht ist, soll von behaglicher Wärme sein und blos zu diesem Zwecke schnell gebraucht werden.

Am ersten Tage der Badekur soll man eine kleine halbe Stunde lang baden, den zweiten Tag etwas länger und, wenn man das Bad ertragen kann, dreiviertel Stunden und dann höchstens 1 Stunde in dem Bade verweilen und am Ende der Badekur die Zeitdauer des Badens in demselben Maase wieder abkürzen.

Bei schwächlichen und reizbaren Personen kann der Fall eintreten, dass sie anfänglich das tägliche Baden nicht ertragen, daher nur alle 2—3 Tage baden dürfen, bis ihnen der Arzt das tägliche Baden gestattet. Solche Personen sollen bei den Vorboten und leisesten Spuren von Schwäche sogleich das Bad verlassen, wesshalb sie immer Jemand auch um sich haben sollen. Im Bade, in welchem man nicht gebeugt, wodurch die Eingeweide des Unterleibes gedrückt werden, sondern aufrecht sitzen soll, sind Bewegungen mit den Armen und Füssen und gelinde Reibungen des Körpers, besonders bei rheumatischen und ähnlichen Fällen, zu empfehlen. Das Lesen und Schlafen im Bade ist schädlich, da hiedurch Andrang des Blutes nach dem Kopfe, Ohnmachten und Schlagflüsse herbeigeführt werden können.

Bei dem Aussteigen aus dem Bade geschehe die Abtrocknung und die damit verbundene Friction mit Flanell oder Linnenzeug schnell und suche man sich vor Erkältung zu schützen. (Hiebei sei kurz erwähnt, dass das Mineralwasser das Linnenzeug gelblich färbt.)

Nach dem Bade kann man sich auf das Bett legen und der Ruhe überlassen, welcher jedoch bei trockener, warmer Luft und heiterem Himmel ein kleiner Spaziergang vorzuziehen ist, da hiedurch die Thätigkeit des Körpers erhöht, eine leichte Ausdünstung unterhalten und der Geist erheitert wird.

Das Frühstück, welches nach dem Bade genommen wird und nur schwächlichen Personen in einer kleinen Portion vor dem Bade gereicht werden darf, soll nach der Gewohnheit und dem Bedürfnisse eines Jeden aus Café, Chokolade oder Fleischsuppe mit Eiergelb bestehen.

Beim Mittagstische sei Mässigkeit die goldene Regel, die jeder Badegast in allen Genüssen beobachten muss. Er wähle nur von denjenigen Speisen, deren Verdaulichkeit er schon an sich erprobt hat, und vermeide

alle jene Gerichte, die schwer verdaulich sind und Bläh-
ungen verursachen. Dessgleichen trinke jeder Badegast
mässig das bereits gewöhnte Getränk. Täglich ein Glas
guten und ächten Weines ist während der Badekur besonders dienlich.

IV. Fernsicht, Spaziergänge und Umgebung Rosenheims.

Ausser den in der nächsten Nähe des Bades und um
den Stadtwall sich befindlichen hübschen, schattigen
Alleen hat Rosenheim eine glückliche Abwechselung von
Spaziergängen, verbunden mit den verschiedensten, ent-
zückendsten Fernsichten.

Der Balcon, die südlich gelegenen Zimmer und noch
mehr, wer hoch zu steigen vermag, der Belvedere
des Badgebäudes sind einige der schönsten Plätze
zur Fernsicht. Mit einem Umblicke fühlt man das lieb-
lich Schöne unserer Gegend in malerischer Ansicht, sowie dass die Natur Rosenheim besonders gnädig ist.
Von hier aus sieht man ausser dem Schlossberge und
der Eisenbahn-Innbrücke Rosenheim freilich nur von der
Rückseite, aber mit einem prachtvollen Hintergrunde
des südlichen Gebirgszuges, überragt von den mit
ewigem Schnee bedeckten Tyrolerbergen. Im Halbkreise
erblickt man theils ferne, theils nahe: den Hochgern,
die hohe Kampen, den Riesenberg, den Hochriss, den
Samerberg, den Heuberg, das Kranzhorn, den wilden

Kaiser, den Petersberg, den Wildbarn, den Riesenkopf, den Asenberg, den Schwarzenberg, den Wendelstein, den Breitenstein und bei heller, freundlicher Witterung selbst die hohe Salve und Venediger-Spitze. Der stete Wechsel der Beleuchtung dieser herrlichen Ansicht gewährt auch demjenigen, welcher krankhafter Zustände halber wenig vom Zimmer kann, viel Unterhaltung und Erheiterung.

Die prachtvolle Aussicht in das Gebirge von dem B a h n- h o f e aus, — welcher, wie Hr. Ludwig Steub sagt, für das freundliche und schöne, wirklich wie eine junge Rose aufblühende Rosenheim der eigentliche Gärtner und Begiesser dieser vielversprechenden Pflanze ist, — zu betrachten, ist für denjenigen, welcher mit einem der Bahnzüge von Paris nach Wien, oder von Frankfurt nach Venedig einen Bekannten erwartet, eine angenehme Kurzweil, für denjenigen aber, welcher unsere Gegend nach längerem Aufenthalte verlassen will, ein in sich fühlendes Bedürfniss, um noch Abschied zu nehmen von den heimischen liebgewonnenen Bergen und das herrliche Panorama sich nochmals im Gedächtnisse tief einzuprägen, um selbes bis zur Wiederhieherkunft freundlich bewahren zu können.

In südwestlicher Richtung von der Stadt liegt die sogenannte P l a n t a g e mit den freundlichen englischen Gartenanlagen und niedlichen Hölzchen. Im Becken des im Jahre 1812 zur Holztrift ausgegrabenen Wasserhofes befanden sich früher 6 Inseln, welche alle bis auf eine nicht mehr existiren. Wer diesen angenehmen Spaziergang macht, versäume nicht, die anliegende Kunstmühle zu besehen. (Seite 30.)

Oestlich gelangt man über die Mangfall, den Ausfluss des Tegernsees, und den Inn, über welchen eine seit dem Jahre 1835 stehende Nothbrücke führt, auf den Schlossberg. Die im Jahre 1811 von dem geheimen Rathe Wiebeking erbaute Bogenbrücke musste nach 24jährigem Bestehen wegen Baufälligkeit abgetragen werden. Die stehen gebliebenen Widerlager wurden, da mit dem Baue einer eisernen Gitterbrücke begonnen ist, im Anfange des Monats Juni 1864 demolirt und die auf dem rechten Widerlager in rothem Neubeurer Steine bis dahin prangende Inschrift:

„Die siebenzehnte Bogenbrücke des Reiches unter der Regierung Maximilian I., Königs von Bayern, unter dem Ministerium des Grafen v. Montgelas, nach der Angabe und unter Direktion des Erfinders der Bogenbrücken Karl Friederich Wiebeking, erbauet im Jahre 1811. Diese Brücke wurde in VII. Monaten aufgeführt; sie kostete 30,877 fl."

zum ewigen Andenken in das Magazinsgebäude der k. Baubehörde Rosenheim gebracht. Von der jetzigen Nothbrücke aus kann man die 723' lange, 27½' breite und 40' über den Rostbeleg hohe, durchgehends aus Nagelfluhe prachtvoll erbaute Eisenbahn-Innbrüke, deren Brüstung aus Granit gearbeitet ist, in ihrer ganzen Ausdehnung beschauen. Dieselbe hat sieben Stichbogen-Oeffnungen von 75' Weite, das Gewölbe zwischen 4—6', die Pfeiler 12' Stärke. Die in den Widerlagern der eine halbe Million kostenden Brücke angebrachten Durchfahrten, welche 18' in lichter Höhe haben, sind unten 34' und oben in der Kämpferlinie 36' weit. Von dem Schlossberge aus, wo einst die uralte Veste stand und jetzt ein Brunnenwarthaus für die Soolen-Reserve erbaut ist, und an dem von da nicht allzu weit entfernten Plestkeller bietet sich eine Fernsicht dar, wie man auf keinem der Spaziergänge sie in so wechselnder Weise antrifft. Reizende Aussicht gewährt ferner das noch in den Bezirk der Stadt gehörige, westlich gelegene Haustett, Stockhammergut benannt, sowie der ausserhalb des Bades nordwestlich gelegene Sommerkeller des Hofbräuers dahier, an welchem der Alterthumsforscher vorüber wandern muss, wenn er das nahe gelegene Westerndorf mit seinen Kennzeichen einer römischen Niederlassung besuchen will.

An allen diesen eben angeführten Orten ist auch für das körperliche Wohlergehen gesorgt, indem stets Erfrischungen zu haben sind.

Wer eine grössere Promenade etwa von der Dauer einer Stunde unternehmen will, verlängere seinen Weg von Westerndorf ab links nach der im Jahre 1797 gegründeten Colonie Grosskarolinenfeld mit einer protestantischen und katholischen Pfarrkirche, oder rechts bis zum Pfarrdorfe Pfaffenhofen am Innufer entlang, oder er wähle sich die freundlich gelegenen Dörfer Aising und Pang zum Zielpunkte, in deren Gasthäusern man stets trefflichen Café, sowie gutes Bier findet. Dahin gelangt man entweder auf der breiten Landstrasse oder auf einem Fusswege, welcher durch die Plantage führt und unmittelbar oberhalb der sogenannten unteren Wehr links abmündet. Während

Aising im Jahre 764 in den Freisinger Bischofsbriefen über Schenkungen zu den Kirchen vorkommt, wird Pang schon im Jahrr 752 in denselben benannt. Letzterer Ort besitzt eine erst in neuerer Zeit von der Gemeinde nach dem Vorbilde römischer Basiliken des 5. und 6. Jahrhunderts prachtvoll erbaute, am 29. September 1853 eingeweihte Pfarrkirche mit einem hübschen, besonders harmonischen Glockengeläute (Cis Quart – Sext Accord). Eine Viertelstunde westlich von Pang entfernt, ist in der Filialkirche zu Westerndorf eine römische Rotunde zu sehen. Auf dem an der Landstrasse genommenen Rückwege liegt rechts abseits das Dorf Happing. Auf einer Anhöhe in der Nähe desselben hatte ein römischer Denk- oder Grabstein gestanden, dessen Inschrift sagt, dass Septimius Julianus seiner Gattin Septimia Tycha, welche nur 34 Lebensjahre erreichte, dieses Denkmal gesetzt hat. Derselbe befindet sich, nachdem er früher als Opferstock in der Kirche zu Happing verwendet ward, jetzt im k. Antiquarium zu München. Letzt genannte Kirche wurde im Jahre 1862 im Zopfstyle, die zu Aising 1861 in gothischer Bauart renovirt. Ehe man Rosenheim erreicht, erblickt man rechts die Kirche zum hl. Blut, welche bei der allgemeinen Säkularisation geschlossen wurde und im Jahre 1807 abgebrochen werden sollte. Diess erfuhr Georg Obermaier von Happing, welcher als Bauernknabe in Folge einer Blatternkrankheit gänzlich erblindete, sich mit Holzarbeiten in seinem traurigen Zustande beschäftigte und hierin eine besondere Geschicklichkeit errang. Er packte sofort ein von ihm verfertigtes, aus verschiedenfarbigem

Holze in schönster Symetrie zusammengesetztes, in die kleinsten Theile zerlegbares Spinnrad in eine Schachtel, und liess es der Königin Karoline als von einem blinden Manne verfertigt übergeben. Nachdem er sofort in die Residenz berufen, das zerlegte Spinnrad zusammensetzte, erbat er sich auf Befragen von König Maximilian I. die Gnade, Befehl ertheilen zu wollen, dass die Kirche zum heil. Blut nicht niedergerissen werde. Die Gewährung dieser Bitte erfolgte sogleich.

Am rechten Innufer nördlich abwärts rechts durch Auen und Waldungen gegen Leonhardspfunzen, von wo zu Römerzeiten eine Brücke über den Inn nach dem gegenüberliegenden Langenpfunzen (Römerstation Pons Oeni) führte, oder weiter bis gegen Zaisering hin zu promeniren, ist eben so angenehm, als östlich nach Stephanskirchen zu wandern, die vortreffliche Einrichtung der rechts vor dem benannten Orte abseits gelegenen, dem Hrn. M. Hayler zu Rosenheim gehörigen, im besten Betriebe stehenden Pulverfabrik zu besehen und dann den Simsee aufzusuchen. Da dieser letztere Weg beinahe 1½ Stunden erfordert, so kann man auch bis Stephanskirchen die Bahn benützen und die noch übrige Strecke zum Simsee in ¾ Stunden gemüthlich zurücklegen. Dieser See, 1¼ Stunden lang und ¼ Stunde breit, dehnt sich ähnlich einem schmalen Wasserbehälter gegen Osten aus, spiegelt, da er ruhig und selten vom Winde getrieben ist, die nahen Hügel und Wälder ab und gewährt durch seine besonders freundliche Ansicht sowohl, als durch die Wallerfische, welche oft unseren Tisch würzen, dem

Verehrer schöner Gegenden und angenehmer Lecker-
bissen viel Vergnügen. An dessen nördlicher Seite hat bei dem Baue der
hart vorbeiführenden Salzburger Bahn ein stetes Rutschen
und Einsenken des Bahnkörpers stattgehabt, welches
nunmehr gänzlich beseitigt ist. Das von Stephanskirchen
eine Stunde entfernte Pfarrdorf Riedering ist mit
einer prachtvollen, im gothischen Style erbauten Kirche
geschmückt. Eine halbe Tagsparthie ist die nach Neubeuern,
wohin man entweder zu Wagen am rechten Innufer
aufwärts entlang in 1¼ Stunden, oder mittelst der Bahn
bis Raubling (I. Station von Rosenheim nach Kufstein)
und von da zu Fuss unter Benützung einer verlässigen,
gut geleiteten Ueberfahrt über den Inn gelangt. Das
nunmehr prachtvoll restaurirte Schloss, an dessen Fusse
der Markt mit dem Steinbruche von rothem und grauem
Sandsteine liegt, steht auf einem Felsen und wird seiner
sehr schönen Lage, der gepflegten Gärten und An-
lagen wegen von Fremden gerne besucht. Ein in der
Nähe des Schlosses hübsch gelegener Felsenkeller, von
welchem man rechts an die sehenswerthe Wolfsschlucht
in kurzer Zeit kömmt, bietet dem ermüdeten Wanderer
einen frischen, guten Labetrunk. Das Schloss ist ur-
alt; in frühester Zeit war hier eine Römerwarte, welche
späterhin eine Burg wurde. Die Schützen des Landfahnens von Rosenheim und Aibling besetzten vom Oktober 1742 bis April 1743 gegen die Einfälle der Tyroler das Schloss Neubeuern, sowie die Blockhäuser am
Riedlberg oberhalb Nussdorf. An dem noch stehenden

alten Wachtthurme ist zur steten Erinnerung an die Ehre des Allerhöchsten Besuches, welchen Se. **Majestät der höchstselige König Max II.** bei Gelegenheit der von Ihm im Jahre 1858 unternommenen Reise im bayerischen Gebirge auch dem Schlosse Neubeuern zu Theil werden liess, eine steinerne Gedenktafel angebracht. — Nachdem dieses Besitzthum verschiedenen Geschlechtern angehörte, kam es am Ende des 17. Jahrhundertes an die Grafen von Preysing. Gegenwärtig ist es im Besitze einer Tochter des verstorbenen Grafen Christian von Preysing, welche Herrn Baron von Leitner, k. b. Kammerherrn, ehelichte. Von Neubeuern gelangt man in einer halben Stunde durch Zwetschgenbaum-Alleen nach dem alten Pfarrdorfe N u s s d o r f, welches Bischof Arno von Salzburg schon im Jahre 798 zu seinen Kirchen zählte und seinen Namen von den unzähligen gepflanzten Nussbäumen hat.

In einer Fahrstunde erreicht man von Rosenheim das gleich alte Pfarrdorf R o h r d o r f und die Ortschaften S i n n i n g und B i n s w a n g, in deren Steinbrüchen man in ersterem Granit, in letzterem Marmor, von welchem die Säulen der Basilika des heil. Bonifazius zu München verfertigt wurden, findet. Das Ersteigen des S a m e r b e r g e s, $^3/_4$ Stunden von Rohrdorf, lohnt die prachtvolle Fernsicht.

Hübsche Ansichten gibt es zu den von Rosenheim östlich gelegenen, circa 2 Poststunden entfernten Orten B a m h a m und P r u t t i n g, sowie in dem auf einer Anhöhe links von der Landstrasse von Prutting nach Endorf abseits stehenden Dorfe S c h w a b e r i n g, dessen in gothischem Style renovirte Kirche allgemeine Bewunderung erregt.

Für Freunde guten vorzüglichen Obstes und namentlich für Pomologen bietet Interesse ein Besuch des grossen Pfarrdorfes Au, welches, an der Rosenheimer-Miesbacher Strasse gelegen, nach einer Wagenfahrt von 1¼ Stunden längs des Gebirgssaumes erreicht wird und ein in jeder Beziehung. vortreffliches Gasthaus besitzt. Der Obstbau wird hier mit besonderem Eifer und Vorliebe getrieben; man sieht beinahe das Dorf nicht wegen der Obstbäume und befindet sich hier und in sämmtlich umliegenden Ortschaften in eigentlichen Obstbaumwäldern. Der im Jahre 1785 gestorbene Balthasar Haiden, Bauer zu Willerting, einem am südlichen Ende des Dorfes Au liegenden Weiler, war es, welcher durch Anlage einer Baumschule die Obstkultur dieser Gegend bedeutend erhöht und auch auf die Nachbarsorte in weitem Umkreise in dieser Beziehung vortheilhaft eingewirkt hat.

Eine kleine Bergparthie auf den Auerberg über die Rastbank ist besonders lohnend, indem hier eine prachtvolle Aussicht nach allen Richtungen hin auf Gebirgs- und Flachland gewährt ist und man unter sich von Obstbaumhainen beinahe verhüllte Dörfer erblickt, deren Kirchthurmspitzen und aufwirbelnde Rauchsäulen aus den Kaminen nur ihr Dasein verrathen.

Ein Ausflug nach dem 7½ Poststunden von Rosenheim entfernten, freundlichen und sehr geselligen Städtchen Wasserburg (Gasthöfe: „Schliesseleder, Kapellerbräuer") mit dem nahen Mineralbade Achatz bietet mehr Abwechselung, wenn man auf der Hinfahrt am rechten, auf der Rückfahrt am linken Innufer den Weg zurücklegt. Auf ersterer Strasse gelangt man durch das Pfarrdorf und die ehemalige Probstei Vogtareith in etwas kürzerer Zeit als auf der anderen Route nach Wasserburg, während man auf der Rückfahrt das Angenehme hat, ausser des herrlichen Anblickes der stets vor sich habenden Gebirgskette, welche durch die oft eigenthümliche Abendbeleuchtung noch mehr Reiz bietet, auch die einstigen Benediktinerklöster Attel und Rott, jetzt im Besitze von Privaten, im Vorüberfahren besehen zu können. — Eine Parthie blos bis Rott, 3½ Poststunden von Rosenheim entfernt, kann Nachmittags unternommen werden, und ist wegen der dortigen prachtvollen Aussicht auf das Innthal und in die Berge sehr zu empfehlen; zudem findet man auch in dem Gasthause zur Post daselbst nebst vorzüglichem Biere eine bestbestellte Küche, namentlich vortrefflich gebratene Hühner.

Mittelst Benützung der Eisenbahnzüge von Rosenheim nach München erreicht man in 16 Minuten Kolbermoor, eine Niederlassung der neuesten Zeit. Ausser einem grossartigen Torfstiche und einer in ausgedehnter Weise betriebenen Ziegelei, dem Hrn. Grafen zu Lodron aus München gehörig, befindet sich daselbst eine Presstorffabrik, welche nach den Angaben des Hrn. Ober-Postraths Exter in München von der priv. Handelsgesellschaft für Torfbereitung, Merkel und Consorten in Nürnberg, errichtet wurde. Das Areal dieser Gesellschaft beträgt circa 250 Tagwerke. Die Zubereitung des Rohmaterials geschieht im Sommer auf besonders dazu hergerichteter Oberfläche mit für den Torf speciell eingerichteten Dampfpflügen. Drei Locomobilen, von welchen jede zwei Pflüge zieht, bringen bei guter Witterung den Torf in Pulverform, welcher alsdann ähnlich wie das Heu gewendet und getrocknet, auf einem Schienenwege in die Nähe des an der Staatsbahn gelegenen Pressmaschinenhauses unter Dach gebracht wird. Die daselbst befindliche Torfpresse, der Wärmeapparat, sowie sämmtliche Transportmaschinen werden durch eine feststehende Dampfmaschine von 25 Pferdekräften in Bewegung gesetzt. Die Zahl der Arbeiter in diesem Etablissement, dessen Zweck ist, den Torf dichter zu machen, so dass er diejenige spezifische Schwere erlangt, die erforderlich ist, um auf einem Eisenbahn-Wagen das volle Wagengewicht zu erreichen und dadurch den Torf als Handelsartikel befördern zu können, beträgt je nach Bedarf und Umständen durchschnittlich im Sommer 70—80 und im Winter 15—20 Personen.

Das weitere in Kolbermoor befindliche, eines lebhaften Geschäftsverkehres sich erfreuende, grossartige Etablissement ist die dicht an der Mangfall gelegene Baumwoll-Spinnerei. Dieselbe wurde für einen Betrieb von 80—100,000 Spindeln projektirt und ist bis jetzt mit 40,000 Spindeln ausgeführt, welche etwa 350 Personen beschäftigen. Durch die Correktion der früher in vielen Krümmungen strömenden Mangfall hat die Spinnerei ein bedeutendes Gefälle gewonnen. Der von ihr angelegte 100′ breite Durchstich ist 10,000′ lang und mit einem 200′ breiten Ueberfallwehr versehen. Der mit dem Durchstiche gleich lange Werkkanal fasst eine Wassermenge von 600°' in der Sekunde, die bei dem bereits erwähnten Gefälle von 20 Fuss 1160 theoretische Pferdekräfte entwickelt. Die für den jetztigen Betrieb aufgestellte Turbine arbeitet mit 400 Pferdekräften und ist dieselbe nebst der Transmissionslage von der Maschinenfabrik Augsburg. Die Spinnmaschinen sind nach der neuesten Construction von den Herren Platt Brothers in Oldham bei Manchester. Die früher öde und menschenleere Gegend ist durch die Anlage der Fabrik schon bedeutend cultivirt und bevölkert und haben sich auch Gewerbsleute aller Art angesiedelt, um daselbst die verschiedenen Bedürfnisse zu decken.

Es befiuden sich zur Zeit in dem schon zum Gemeindesitz emporgeschwungenen Orte Kolbermoor, ohne die neuerdings im Baue begriffenen, circa 60 Wohnhäuser mit über 1000 Seelen, von welchen in den der Fabrik gehörigen sechs Arbeiterhäusern allein über 200 untergebracht sind. Eine Kirche besteht in Kolbermoor bis jetzt noch nicht; der katholische Theil der Bevölkerung besucht den Gottesdienst in Rosenheim oder Aibling, während für den evangelischen Theil in der Spinnerei ein Betsaal eingerichtet ist, in welchem alle 3—4 Wochen durch den evangelischen Pfarrer von Grosskarolinenfeld Gottesdienst gehalten wird. Eine von der Fabrik ins Leben gerufene und unterhaltene Schule dient zum Unterrichte für die Kinder beider Confessionen und vertritt einstweilen die Stelle einer Gemeinde-Schule. Dieses Etablissement kann gegen Entrichtung einer kleinen,

dem Arbeiter-Unterstützungs-Vereine zukommenden Ge-
bühr von Jedermann besehen werden.

Von Kolbermoor aus gelangt man mittelst der Eisen-
bahn in 15 Minuten nach dem schon den Römern be-
kannten Markte Aibling mit einer Bevölkerung von
1895 Einwohnern, dem Sitze eines k. Landgerichts und
Rentamtes (letzteres für die Bezirke Aibling, Prien und
Rosenheim), einer schönen Pfarrkirche, dem Schlosse
Brandseck und dem Soolen- und Moorbade. (Gasthäuser:
Schuhbräu, Hôtel Duschel, Duschelbräu, Gaiglbräu etc.)

Ehe man zum Markte Aibling mit der Bahn von Rosenheim aus gelangt, steht zwischen derselben und der
eine kleine Strecke parallel laufenden Landstrasse bei
der Mangfallbrücke ein in altdeutscher Art erbautes,
41' hohes Denkmal, welches die Frauen Bayerns am
25. Oktober 1833 errichten liessen, da auf dieser Stelle
Königin Therese von Bayern von ihrem Sohne
Otto Abschied nahm. Die gegen die Landstrasse hin
gerichtete Front zeigt in einer Nische das in Erz ge-
gossene Bild Maria's mit dem Christuskinde in Lebens-
grösse und oberhalb das bayerische Wappen, auf der
einen Seite das Familienwappen der Königin mit der
Inschrift: „Bayerns Königin Therese weinte hier um
ihren vielgeliebten Sohn Otto herbe Abschiedsthränen.
Möchten sie zu Freudenthränen werden“. Auf der anderen Seite das Wappen Griechenlands mit der Inschrift:
„Königs Ludwig zweitgeborner Sohn Otto riss sich
hier vom Mutterherzen, um Retter und König von Griechenland zu werden am 6. Dezember 1832“. Die Rückseite ziert das Wappen des Marktes Aibling.

Um Aibling liegen die alten Schlösser Maxlrain, Beiharting (ehemaliges Chorstift), Vagn und Pullach.

Nordwestlich eine halbe Stunde von Aibling entfernt ist die in 9 Minuten zu erreichende Eisenbahnstation **Heufeld**, welche dem Verkehre der dort in neuester Zeit errichteten chemischen Aktienfabrik ihre Entstehung verdankt. Von dieser wird Superphosphat (mit Schwefelsäure aufgeschlossener Backerguano), gedämpftes feinstes Knochenmehl, Normaldünger, Wiesendünger, Hopfendünger, Weinbergdünger etc., Chlorkalium, Sodagyps, Futterknochenmehl von anerkannt vorzüglicher Qualität producirt und unter Garantie der Reinheit geliefert.

Weitere angenehme Parthien als nach **Tegernsee, Kreuth, Miesbach, Schliersee, Fischbachau** etc. werden am besten mit Hilfe der Eisenbahnen nach **Holzkirchen** und **Miesbach** und der sich da bietenden Omnibusgelegenheiten unternommen.

Als eine der schönsten Parthien ist der Besuch der einzelnen Punkte **längs dem Innthale aufwärts nach Kufstein** zu bezeichnen, da die Anmuth und Grossartigkeit der Naturschönheiten des Hochgebirges sich hier in reicher und abwechselnder Weise entfaltet und dadurch dem Bewohner des Flachlandes ein überraschender Anblick geboten ist.

Nachdem man im Eisenbahnwaggon den Rosenheimer Bahnhof mit seiner schönen Gebirgsansicht verlassen und die eisernen Brücken über den Hammerbach und die Mangfall passirt hat, fährt man rechts gegen Süden fort und gelangt zur ersten Station **Raubling**, von

wo aus, wie bereits erwähnt, ein Fussweg nach Neubeuern führt.

Brannenburg wird von Rauhling aus in 13 Minuten erreicht. Als ein sehr freundliches Dorf mit
guter Wirthschaft wird es im Sommer gerne von Fremden, namentlich von Landschaftsmalern besucht, welche
sich durch die Naturschönheit, besonders aber durch den
prachtvollen, üppigen Baumschlag der Umgegend behufs
ihrer Studien angezogen fühlen.

Die schönste Aussicht, Bergkolosse und weites Flachland erblickend, gewährt der eine Viertelstunde entfernte hochgelegene Bierkeller, die nahe Wallfahrtskirche
zur schwarzen Lacke, sowie das Schloss. Dasselbe soll
in den ersten Zeiten des Faustrechtes erbaut worden
sein und kommt im Jahre 1350 unter dem Namen
Brannberg vor. Hier lebte einst das Geschlecht der
Brannenburger. Im Jahre 1570 erbauten die Grafen
von Hund das jetztige Schloss, welches in jüngster
Zeit theilweise renovirt und umgebaut wurde. Von
diesen kam es an die Grafen von Preysing, später an Grafen von Arco-Zinneberg und den italienischen Markgrafen
Pallavicini und zuletzt an eine Gesellschaft von Württem-
bergern und Badensern, welche eine allen Anforder-
ungen entsprechende, im grossartigen Betriebe stehende
Dampfsäge erbaute, auf welcher das in den grossen,
zu diesem Besitzthume gehörigen Waldungen reichlich
vorhandene, gefällte Holz zu verschiedenen Gattungen
von Holzwaaren geschnitten wird. Ueberhaupt herrscht
im Orte selbst ein nicht unbedeutender Verkehr, indem
aus der nahen Biber, einem Bergrücken, der sogenannte

Nagelfluhe als Baustein, aus der bestehenden Cement-
mühle Cement und Cementdachplatten, aus den Waldungen Brenn- und Bauholz und von den zahlreichen
Gärten treffliches Obst versendet wird.

Im August 1851 drohte den Bewohnern Brannenburgs
durch eine Bergrutschung, im gewöhnlichen Leben Berg-
sturz genannt, grosse Gefahr. Mehrere Häuser in der
nächsten Umgebung Brannenburgs wurden weggerissen
und die schönsten Fluren auf einer grossen Strecke hin
vernichtet. Die Spuren dieses schauerlichen Ereignisses,
durch welches 3 Tagwerke Fichtenwaldung aufrecht
stehend abwärts getragen wurden, sind an dem zum
Keller führenden Wege zu sehen und werden wohl
nach Jahrhunderten noch betrachtet werden können.

Von Brannenburg aus ist der Wendelstein in 4
Stunden leicht zu ersteigen.

Auf der Fahrt von Brannenburg nach Fischbach
sieht man rechts das Pfarrdorf Flintsbach und auf
schöner Anhöhe die Ruine Falkenstein und hoch
ober dieser Ruine auf schroffem, isolirten Felsenkopfe,
Madron benannt, die St. Peterskirche. Zu diesen
beiden Punkten gelangt man am besten von der Station
Fischbach aus.

Die alte, nur mehr in Ruinen sichtbare Ritterburg
Falkenstein wurde im 8. Jahrhunderte auf der Stelle
eines ehemaligen römischen Kastelles von den Grafen
von Neuburg und Falkenstein erbaut und bewohnt,
welche unermesslich reich an Liegenschaften waren,
und deren Hauptsitze eben Falkenstein und die Veste
Neuburg, welche, jetzt gänzlich verschwunden, oberhalb

Vagn an der Mangfall gewesen sein soll, waren. Nach
dem im Jahre 1272 erfolgten Tode des letzten Grafen
Siboto von Falkenstein, welchen der heimliche Geliebte
seiner Gemahlin, sein Vasall Ritter Otto von Prantberg
(Brannenburg), auf der Veste zu Neuburg im Bade er-
stach, kam diese alte Grafschaft an Herzog Ludwig II.
den Strengen, später an die Hoferische, dann Hun-
dische und nachher an die Ruepische Familie. Im 18.
Jahrhunderte erwarben Falkenstein durch Kauf die Grafen von Preysing, von welchem Zeitpunkte an diese
Burgruine zum Besitzthume Brannenburg gehört.

Auf dem Madron oberhalb Falkenstein, auch Petersberg benannt, welcher in 1 1/4 Stunden leicht erstiegen
werden kann, soll das wahrscheinlich älteste Stift und
Klösterlein am Gebirge, dem hl. Peter geweiht, schon
vor den in den Jahren 907—955 geschehenen Einfällen
der Ungarn in Bayern erbaut worden sein, von welchen es auch zertört ward. Nach dem erfolgten Wie-
deraufbaue wurde es von Benediktinern bezogen und
nach noch zweimaliger Verwüstung im Jahre 1297 als
Probstei für Weltgeistlishe dem Domkapitel zu Freising
einverleibt. Das gegenwärtige Wohnhaus des Priesters,
welcher dem alten Herkommen gemäss als Probst von
Petersberg titulirt wird, wurde im Jahre 1832, nachdem das alte vom Blitze gezündet und abgebrannt war,
neu erbaut. Dieses Kirchlein, dessen Portal im roma-
nischen Baustyle ist und in dessen Thurme eine Glocke
mit der Jahreszahl 1381 sich befindet, ist jährlich am
Peter- und Paulstage von einer grossen Anzahl von
Wallfahrern besucht. Erfrischungen verschiedener Art

erhält man in dem Hause des geistlichen Herrn Probstes.
Vom Petersberge aus gelangt man oben am Riesen-
kopfe auf die sogenannte Asen mit zwei Bauernhöfen,
welche der stärkenden Alpenluft wegen von Brustkranken
stets besucht sind.

Nachdem man links an dem Carmelitenkloster Reisach und dem Schlosse Urfarn, Herrn von Finster
gehörig, vorbeipassirt ist, gelangt man nach Oberaudorf, welches, am Fusse des Auerberges mit der
Ruine der ehemaligen, gegen Tyrol gerichteten, 1743
von den österreich. Truppen weggebrannten und in Folge
des zu Füssen 1745 mit Oesterreich vom Churfürsten
Maximilian III. geschlossenen Friedens geschleiften
Gränzveste Auerburg gelegen, i. Jahre 1857 beinahe
gänzlich abgebrannt ist. Hier besuche man das sehr
zu empfehlende, von Reisenden stark besuchte Gasthaus
zum Niederauer, den nahe gelegenen Calvarienberg und
den „Weber an der Wand", dessen Haus gleich
einem Schwalbenneste an die Felsenwand hingeklebt
ist. Von diesem sagt Hr. Ludwig Steub: „Eine besondere Berühmtheit zu Oberaudorf hat der Weber an der
Wand erlangt. Auf der Seite des Felsens, welcher
Oberaudorf gegen Süden ganz und gar einfasst, ist
nämlich gegen Mittag eine ansehnliche Höhle in das
nackte Gestein gerissen, wo vor Zeiten sich ein Einsiedler seine Klause gebaut hat. Der letzte, der dort
seinen Lebensfaden in frommen Uebungen abspann, war
der Frater Hieronymus, dessen man noch jetzt gedenkt.
Wenn des ehrwürdigen Bruders schmale Vorräthe zu
Ende gingen, so zog er nur nach Eremitenart die Glocke,

und die Nachbarn kamen dann besorgt herbei, um mit freiwilligen Gaben sein Leben weiter zu fristen. Im Jahre 1794 hörten sie aber auch einmal, obwohl nur schwach, das Glöcklein klingen und als sie in die Zelle traten, fanden sie den Einsiedler an Altersschwäche sterbend auf seinem Lager. So verödete die Klause; später aber erhielt sie neues Leben, da eine Zeitlang die Dorfschule darinnen gehalten wurde, und endlich 1809 erwarb die Stelle ein Weber, woher der jetztige Name kommt. Der Weber legte dann ein Wohnhaus, einen schönen Garten und ein kleines Glashaus an, welches jetzt auch als Trinkstube dient. Das Ganze zusammen — die nackte Felswand, die oben einen dichten Wald trägt. das weisse Haus und der kleine Ziergarten, die in den Felsen hineingesteckt sind, gewähren einen phantastischen Anblick. Mehr als alles dieses zieht aber die Aussicht an. Für diese Gegend ist der wilde Kaiser, der hinter Kufstein aufsteigt, der grosse Meister unter den Bergen, ein zerrissenes Ungeheuer, besonders schön, wenn an warmen Abenden das Alpenglühen kommt. Diesen Kaiser nun, dessen oberste Spitze 7246 Fuss hoch ist, übersieht man fast nirgends so gut, wie beim Weber an der Wand Mit Recht wird daher dieser Ort, wenn man die schönen Aussichten im Hochland zusammenzählt, mit unter den ersten genannt."

Durch Kiefer mit einem österreichischen Eisen-Hüttenwerke auf bayerischem Boden gekommen, erreicht man Kiefersfelden, die letzte bayerische Station. An der nahen Gränze ist ein geschmackvolles, im gothischen Style erbautes Kirchlein, die Ottokapelle, zu sehen. Hier nahm König Otto von Griechenland Abschied von seinem geliebten Vaterlande am 6. Dezember 1832, um einer neuen Heimath entgegenzueilen, Herrscher eines gänzlich verkommenen, demoralisirten Volkes zu werden und die schwierige, von ihm aber auch erfüllte Aufgabe der Civilisation desselben zu übernehmen. Für alle gebrachten Opfer aber war schnöder Undank der hinterlistigen, treulosen Griechen der Lohn.

Nach dem Betreten des österreichischen Gebietes kömmt man bald nach der Stadt Kufstein, welche wegen. der seit 500 Jahren von zwei in jeder Beziehung gleichen und verwandten Völkern mit verschiedenem Glücke geführten Kriege im steten Wechsel bald Bayern, bald Oesterreich angehörte, seit dem Jahre 1814 nun definitiv in dem Besitze Oesterreichs ist. Das freundliche Städtchen (Gasthäuser: Auracher, Post, Traube und Hirsch) ist hart am rechten Innufer gelegen und zählt 1300 Einwohner. Ueber demselben erhebt sich auf einem 360' hohen schroffen Felsenhügel die Festung Josephsburg oder Geroldseck benannt, welche ursprünglich ein bayerisches Werk ist. Sie wird gegenwärtig als Gefängniss für österreichische Militärsträflinge und politische Verbrecher verwendet, deren letzterer Aufenthalt wohl die Ursache der früher erlaubten, nunmehr untersagten Besichtigung dieser prachtvolle Fernsicht gewährenden Festung von Privatpersonen sein mag. In dem vom Kaiser Joseph II. erbauten, mächtigen Kaiserthurme, welcher ·auf dem höchsten Punkte des

Felsens in Form eines hohen, massiv gemauerten Cylinders sich erhebt, sitzt der gefürchtete ungarische Räuberhauptmann Rozsa Sandor. Sehr schöne Aussichten hat man von der Capelle des Stadt–Kirchhofes, in welchem der im Jahre 1846 verstorbene Fried. List begraben liegt, von der der Stadt gegenüber am linken Innufer liegenden Franz–Joseph–Burg, sowie von der Wallfahrtskirche auf dem nahen Thierberge, Eigenthum des Hrn. Roman Maier von München.

Wer mit der 1 Stunde 20 Minuten dauernden Fahrt nach Kufstein den Besuch mehrerer dahin liegender Ortschaften verbinden will, fahre mit dem Vormittags-Bahnzuge bis Kiefersfelden, besehe dort die Ottokapelle und gehe dann zu Fuss über die Klause, wo er sich ein Mittagsmahl bestellt, nach Kufstein. Von da kehre man wieder nach der Klause zurück, wo alsdann trefflicher, gewöhnlich mit Forellen und Wildpret versehener Mittagstisch nebst gutem ächten Tyrolerweine („dem Speciellen") zu finden ist. Von da aus besuche man entweder zu Fuss oder mittelst der Bahn Oberaudorf und kehre mit dem letzten Abendzuge nach Rosenheim zurück. Brannenburg und Fischbach mit Falkenstein und dem Petersberge können auch zu einer Tagspartie vereinigt werden. Von Kufstein gelangt man mittelst der Eisenbahn über Wörgel, von wo aus ein Omnibus nach Hopfgarten geht, um die Besucher der von da in 3 Stunden zu ersteigenden hohen Salve an ihren Fuss hinzuführen, dann über Brixlegg mit der Seitenstrasse nach Rattenberg über Jenbach, dem Einmündungsorte in das Ziller–'und Achenthal, über

Schwatz und Hall nach Innsbruck. Eine wegen ihrer Gebirgsnaturschönheit besonders angenehme Tour ist die von Kufstein über Landl nach Bayrischzell, von da über Aurach, Schliersee nach Miesbach und mit Benützung der Bahn wieder nach Hause?

In östlicher Richtung gelangt man mittelst der Eisenbahn von Rosenheim ab über Stephanskirchen nach Endorf, von wo in 3 Stunden das Bad Seeon erreicht wird. Eine hübsche und lohnende Lustparthie von Endorf aus ist das Besteigen der Rimstinger Höhe wegen der prachtvollen Aussicht.

Von dem in einer kleinen Stunde mit der Bahn von Rosenheim ab erreichten freundlichen Pfarrdorfe Prien, dem Sitze eines k. Landgerichtes, lässt sich eine angenehme Parthie zu Fuss in ¾ Stunden nach dem Schlosse Wildenwart machen, welches Eigenthum des Herzogs Franz V. von Modena, Gemahles der k. Prinzessin Adelgunde von Bayern, ist. Die Freunde einer Fahrt auf dem Chiemsee erwartete bisher am Bahnhofe zu Prien ein Omnibus, welcher selbe nach dem eine halbe Stunde entlegenen Orte Stock führte, woselbst das Dampfschiff „Maximilian" (dem Kupferschmied Fessler zu München gehörig) landete. Da sich aber bei dieser Dampfschifffahrt nie eine Rentabilität herausgestellt haben soll, so wird dem Vernehmen nach dieselbe in Zukunft unterbleiben und der Chiemsee wieder mit den sogenannten Einbäumen (aus einem Baume gehauene Schiffe) befahren werden müssen.

Der Chiemsee, „das bayerische Meer", welcher seinen Zufluss ausser den eigenen, ohne Zweifel

auf seinem Grunde habenden Quellen von der Prien,
Roth, Uebersee und Achen erhält und dessen Abfluss
die Alz ist, ist 4 Stunden lang, 3 Stunden breit und
hat einen Umfang von 14 Stunden. Seine Tiefe, welche
durchschnittlich 48 Klafter beträgt, ist an den einzelnen
Plätzen sehr verschieden und von so seltsamer Abwechselung, dass oft neben der grössten Tiefe sich die
kleinste befindet. Die in demselben gefangenen Fische,
meistens Hechten, Karpfen, Huchen, Waller, gewöhn-
liche und Lachs-Forellen etc., müssen dem k. Hoffischer-
amte zu Trostberg eingeliefert werden; es werden jährlich 4—500 Zentner gefangen. Das ganze Chiemsee-
gebiet besteht aus 49,800 Tagwerken und zwar aus
24,800 Tagwerken jetztigem Wasserspiegel und 25,000
Tagwerken Alluvionen; von letzteren sind 11,000 Tagwerke ohne Gefälle zur Torfbildung, beziehungsweise
Torfgründe bis zu 30 Fuss Mächtigkeit und 14,000 Tagwerke mit Gefälle Ackerland- und Wiesen-Alluvionen.
Von 10,000 Tagwerken Achenalluvion sind nur 2000
Tagwerke gutes Ackerland, 3000 Tagwerke einmädige
Mooswiesen, das übrige Land nasse Gründe. Um diese
insgesammt zu cultiviren, ist die Tieferlegung des Chiem-
sees um 13 Schuh und die Correktion der Alz nothwendig, welche zwar einen Kostenaufwand von 737,000 fl.
erfordern, aber die Entwässerung von Grundstücken im
Kapitalswerthe von 1,190,000 fl. sichern. Hr. Cultur-
Ingenieur Statzner aus München hat das Projekt hiezu,
welches zur Ausführung kommen soll, mit viel Mühe
und Umsicht ausgearbeitet.

Ueber diese unendliche Wasserfläche erheben sich

drei Inseln: das Herrenwörth, Frauenwörth und die Krautinsel, früher Küchengarten für die auf den beiden ersteren Inseln gewesenen Mönche und Nonnen, jetzt für die Bewohner der Fraueninsel.

Im Jahre 782 errichtete, durch den Herzog Thassilo II. unterstützt, ein Mönch, Namens Dobda, welcher mit dem hl. Virgilius aus England gekommen, in Herrenwörth eine öffentliche Schule, in welcher vorzugsweise die griechische Sprache gelehrt wurde. Dieselbe erweiterte sich durch Thassilo's Stiftung zu einem Kloster für Benediktiner, welches im Jahre 908 von den in Bayern einfallenden Ungarn zerstört, im Jahre 1131 durch Konrad I., Erzbischof von Salzburg, wieder hergestellt und den regulirten Augustiner Chorherren unter Erhebung ihres Probstes zum Erzdiakon übergeben wurde. Erzbischof Eberhard II. errichtete 1218 unter dem Papste Innocentius III. das dem Erzstifte Salzburg untergeordnete Bisthum Chiemsee, dessen erster Bischof Rudiger von Radeck war, und erhob hiedurch die chiemseeische Collegiatkirche zur Domkirche. Die gegenwärtige Stiftskirche wurde unter dem Probste Sebastian in den Jahren 1705—1710 durch den Baumeister Sciassia nach der Form der St. Michaels-Hofkirche zu München erbaut.

Bei der 1803 stattgefundenen Säcularisation aller Klöster in Bayern wurde diese beinahe zwei Stunden im Umfange haltende fruchtbare Insel um einen Spottpreis verkauft und im Jahre 1840 von dem jetzigen Besitzer dem Herrn Grafen von Hunoldstein, Pair von Frankreich, erworben, welcher, obwohl stets zu Paris wohnend, durch hübsche Gartenanlagen etc. viele Verschönerungen in diesem herrlichen Besitzthume vornehmen liess und selbes dadurch zu einem angenehmen Aufenthalte umschuf. Diese über 600 Tagwerk grosse Insel mit den herrlichsten Fichten-, Tannen-, Eichen- und Buchenwaldungen und einer gehegten Jagd von vielen Edelhirschen hat gegenwärtig eine Zahl von circa 70 Einwohnern, ein Bräu- und gutes Gasthaus, welches namentlich am Pfingstmontage, dem Tage eines dem Herkommen gemäss hier stattfindenden Völksfestes, äusserst stark besucht ist.

Aelter ist die Stiftung des Benediktiner-Nonnenklosters durch Herzog Thassilo II. auf Frauenwörth. Die erste Aebtissin im Jahre 766 war Irmengard, die Tochter des Königs Ludwig II. des Deutschen. Da ihr in dieser Würde mehrere königliche und fürstliche Personen folgten, so ward das Kloster ein königliches Stift benannt und den Aebtissinnen bei Ueberreichung des Abtei-Stabes durch einen von Salzburg abgeordneten Bischof vor dem Choraltare jederzeit auch eine königliche, oben mit vier Halbzirkeln geschlossene Krone feierlich auf das Haupt gesetzt, um sie bei besonderen Gelegenheiten zu tragen. Obwohl schon im Jahre 908 dieses Stift von den Ungarn verwüstet wurde und in späteren Jahren zweimal abbrannte, so erholte es sich nach den Unglücksfällen schnell und stellte seine Gebäude jedesmal in kürzester Zeit wieder her. Das jetzt noch stehende, schöne Conventgebäude liess Frau Irmengard von Scharfsedt bei der Baufälligkeit des alten Klosters im Jahre 1730 herstellen. Wie

es im Jahre 1803 den Mönchen auf dem Herrenchiemsee erging, so kam das verhängnissvolle Geschick auch
über das Nonnenkloster zu Frauenchiemseo, nur dass
man etwas rücksichtsvoller verfuhr, bloss das Bräu-
und Wirthshaus verkaufte und die Erlaubniss ertheilte,
dass in dem vom Staate behaltenen Conventgebäude die
zurückgebliebenen Frauen den Faden ihres abgeschie-
denen Lebens bis an's Ende abspinnen durften. Ueber
die Veranlassung des Emporblühens des wieder bestehenden Stiftes erzählt Ernest Geiss: Im Jahre 1836,
als nur mehr drei ehrwürdige Frauen das Kloster be-
wohnten, kam Se. Majestät König Ludwig I. dahin
und besuchte die verödete Abtei. Als sich ihm nun
die Frauen Bernarda und Karolina zu Füssen warfen
und ihn baten, ihr Kloster nicht zu verlassen, sprach
er die wahrhaft königlichen Worte: „Nun, ich hoffe'',
schenkte 36,000 fl. dem alten Stifte und verlangte die
Wiedereinrichtung desselben zum Zwecke des Unterrichtes und der Erziehung für Töchter des bürgerlichen
Standes, von welchen es seit 1838 besucht wird.

Auf der 81 Tagwerke grossen Fraueninsel sind ausser
dem Stifte mit der Kirche, in welcher das Grabmal der
heiligen Irmengard, der ersten Aebtissin, sowie andere
grosse Grabsteine aus dem Mittelalter zu sehen sind
und deren uraltes Portal eine nähere Besichtigung ver-
dient, nächst der Klostermauer ein Bräuhaus, in welchem jedoch nicht mehr gebraut wird, das Gasthaus
und dann ungefähr 50 von Fischern, Taglöhnern und
einzelnen Gewerbetreibenden bewohnte Häuschen. Von
dem freien Platze vor dem Wirthshause, dessen vor-

treffliche Bewirthung Nichts zu wünschen übrig lässt,
ist die Aussicht über die spiegelnde Fluth, auf die sie
umgebenden Berge wunderschön und malerisch. Gleich
wie in Brannenburg ist hier eine Malerherberge, welche
eine im Jahre 1841 von Friedrich Lentner angelegte
und heiter fortgeführte Chronik und im Gastzimmer
über einem Tische ein scherzhaftes Schild aufgehängt
hat, welches Engelbert Seibertz malte. Auf der einen
Seite desselben sind die drei weissen Schilde im blauen
Felde, das Wappen, das einst „unser lieber, besonders
theurer und fürtrefflicher Kaiser Max I. dem Erzvater
deutscher Kunst, Albrecht Dürern" verliehen, umgeben
von drei anderen Wappenschildern, einem Bockglase
im rothen Felde, dem Kneipzeichen der Maler Münchens,
dem Münchener Mönche und den Seerosenblättern, dem
Wappen von Frauenwörth und auf der anderen Seite
das Gasthaus zu Frauenchiemsee zu sehen, links davon
ein hagerer Maler, welcher mit einer weissen Leinwandtafel der Herberge sich nähert, während aus derselben ein wohlbeleibter, mit derselben gänzlich unbe-
malt gebliebenen Leinwandtafel kömmt. Die angebrachte
Ueberschrift lautet:

„Willt wissen, wie Du lebst in diesem Haus?
So kommst herein — so gehst hinaus,"

Wir kehren wieder nach Prien zurück, und verfolgen
den Schienenweg weiter. Die nächstkommende Station
Bernau muss der Reisende verlassen, wenn er das
Thal der Prien, in welchem Hohen- und Niederaschau liegt, besuchen will. Eine Viertelstunde von

Niederaschau, einem freundlichen Pfarrdorfe, welches seines guten Gasthauses und der angenehmen Gegend wegen stark von Städtern besucht ist, ist das alte, auf einem hohen Felsen thronende Schloss Hohenaschau entfernt, von welchem aus man den Chiemsee und im prächtigen Vordergrunde die Kampen zur rechten Seite erblickt. Hier und in der nächsten Umgebung befinden sich ausser dem den Besitzern von Hohenaschau gehörigen Hammerwerke eine grosse Anzahl von Nagelschmieden. Um das Jahr 1300 war es im Besitze der Aschauer von Aschau, von welchen es an Friederich Mautner, hierauf an Conrad und nach ihm an Wilhelm von Freiberg kam, bei welchen sich einer erhaltenen Sage nach der Reformator Dr. Martin Luther nach seiner Flucht aus Augsburg einige Zeit verborgen haben sollte. Heutigen Tages wird noch das unglaubwürdige sogenannte Lutherkämmerlein gezeigt, in welchem der Teufel dem Luther erschienen und von demselben mit dem Nachwerfen eines Tintengefässes traktirt worden sein soll. Durch Heirath erhielt diese Herrschaft 1610 Johann Christoph von Preysing und von diesem der im Jahre 1664 mit dem Reichsgrafentitel beehrte Maximilian von Preysing, in deren Erben Besitzthum es bis zum im Jahre 1853 erfolgten Erlöschen dieser Familie blieb. Später erhielt das Schloss Graf Waldbott-Bassenheim und von diesem eine Aktiengewerkschaft, welche das Hammerwerk schwunghaft betreibt. Seit jüngster Zeit wird das Hohenaschauer Bier als eines der besten in der Umgegend bezeichnet.

Durch das Grassauerthal gelangt man von Bernau

nach Uebersee, von wo aus man das Thal der mäch-
tigen Achen besuchen und eine Partie nach Marquard,d-
stein und in stetem kühlenden Schatten wandelnd nach
Wessen und Reit im Winkel über Kössen und
Schleching wieder retour oder von Kössen über
Walchsee, Niederndorf und Mühlgraben zur
Innüberfahrt bei Reisach nach Oberaudorf und von
da mittelst Bahn nach Rosenheim unternehmen kann.
Eine andere Tour geht von Reit im Winkel über
das seiner trefflichen Forellen wegen bekannte Seehaus
nach Rupolding und Innzell in das Thal der weissen
Traun (Miesenbach), welches man auch von der nächsten
Station Bergen durchwandern kann.

Das Pfarrdorf Bergen ist eine halbe Stunde von
der Station gleichen Namens entfernt und der Sitz eines
k. Berg- und Hüttenamtes mit der am Hochfelln gelegenen berühmten Maximilianshütte. Hier findet man
einen Hochofen, mehrere Puddlingsöfen, Schweissöfen,
Walzwerke, Giesserei, Dreherei, Schlosserei und Ham-
merschmieden. Das benöthigte Thoneisenerz wird seit
dem Jahre 1513 im Kressenberge bei Siegsdorf
gewonnen.

In einer Gehstunde kömmt man von der Station
Bergen nach dem Wildbade Adelholzen, dessen Gesundbrunnen der im J. 286 verstorbene hl. Primus, welcher als frommer Einsiedler das Christenthum in dieser
Gegend lehrte, entdeckte und von da zu der nicht gar
zu weit entfernten, hochgelegenen Wallfahrtskirche
Maria-Eck mit prächtiger Aussicht auf den Chiem-
gau. Das eine halbe Stunde von Adelholzen entfernte

Pfarrdorf Si e g s d o r f, wohin auch von Traunstein aus ein schattiger Weg führt, ist am Zusammenflusse der rothen in die weisse Traun gelegen und stark von Fremden besucht.

Die freundliche, nach dem im Jahre 1851 stattgehabten Brande fast neu erbaute Stadt T r a u n s t e i n (Gasthäuser: „Hôtel Wispauer, Post, Stangl und Schöttlbräu, weisses Bräuhaus etc.) ist der Sitz verschiedener k. Behörden und einer k. Saline, welche 1619 errichtet wurde und die Soole durch eine Leitung von Reichenhall erhält. Sowohl in Traunstein selbst, als in dem nahen E m p f i n g sind Heilbäder.

Wegen der wilden, romantischen Naturschönheit wird von Traunstein aus die Fahrstrasse über I n n z e l l und M a u t h h ä u s l nach R e i c h e n h a l l und B e r c h t e s g a d e n dem Bahnwege über L a u t e r und T e i s e n d o r f und von da mittelst Postverbindung nach den genannten zwei Soolenbädern vorgezogen. Nachdem F r e i l a s s i n g passirt ist, fährt man in den Bahnhof zu S a l z b u r g, das 14 Jahre vor Christus bekannte Juvavum.

Schliesslich folgt ein vom pens. Hrn. Lehrer Wagner zu Rosenheim verfasstes Gedicht: „das Panorama oder die Gebirgskette um Rosenheim", welches bei der öffentlichen Preisevertheilung im Jahre 1863 vorgetragen wurde.

Das Panorama

oder:

die Gebirgskette um Rosenheim.

Dass früh in Kinderzeit schon leuchtet unserm Blicken,
Uns ziehet nach oben hin mit innigem Entzücken,
Dass unser junges Herz sich sehnt nach jenen Höhen,
Wo reine Lüfte uns im Hochgenuss' umwehen,
Dass in der Blüthezeit sich uns're Augen richten
Dahin, wo Engel stets die trüben Wolken lichten,
Dass Gottes Grösse wir in seiner Macht erschauen,
Dass himmelwärts wir seh'n mit kindlichem Vertrauen:
Hat Gott, der unser Herz und unsern Geist erhellet,
Ein Panorama uns vor Augen hingestellet.

Es sind diess die vor uns gethürmten Bergesreihen,
Die Augen und Gemüth herzinniglich erfreuen,
Die Gott uns blicken lässt in wunderschönen Bildern,
Um uns naturgetreu des Schöpfers Werk zu schildern.
Und wie sie fest vereint in Stufen sich entfalten,
Und in Gestalt und Form sich mannigfach gestalten,
So prägen sie sich ein in uns're Jugendseelen,
Und mit der Heimat sie sich ewig treu vermählen;
Wenn noch so weit entfernt wir einst als Greise leben,
Sie all' noch neu verjüngt vor unserem Geiste schweben.

Von Immenstadt entlang bis Salzburg sie sich ziehen,
Und ihre Häupter schön im Sonnenglanze glühen,
Und wenn beim Morgenschein in ernstem, tiefen Schweigen
Und bei dem Abendroth' sie sich uns rosig zeigen,

Da fängt das junge Herz in Freuden an zu wogen,
Es fühlt mit Allgewalt sich mächtig hingezogen
Zu jenem Riesenbau, zu jenen Felsgesteinen,
Wo schöne Blumen sich mit Heilungskräutern einen.
Und weil sie uns so nah und wir sie alle kennen,
So wollen wir sie heut' bei ihren Namen nennen.

Der Sulzberg, der beginnt den kolossalen Reigen,
Mit ihm der Breitenberg und Mitterberg sich zweigen,
Und mit dem Wendelstein, der seine Formen kündet,
Der Riesenkopf sich steil in seiner Näh' verbindet;
Nun folgt der Wildbarn, hat den Petersberg zur Seite,
Die grüne Asen, die Audorfer Bergesbreite.
Am Innesufer links all' diese Berge stehen,
Am rechten Ufer wir gereiht viel andere sehen.
Doch wollen wir vorerst von uns'rer Heimat Gauen
Ins Nachbarland Tyrol mit freiem Auge schauen.

Der wilde Kaiser ernst zu uns herüber blicket,
Die hohe Salve selbst in weiter Fern' entzücket,
Und ist der Himmel rein und günstig unserm Spähen,
Ist der Venediger von uns noch zu ersehen,
Und diese Gletscher wie sie prangen in den Fernen,
In stiller Nacht erglänzt von Millionen Sternen,
Und wie sie sich empor in ihrer Grösse strecken,
Die Riesenhäupter oft mit Eis und Schnee bedecken.
Doch wenden wir uns nun hinweg von ferner Weite
Auch den Gebirgen zu an rechter Innesseite.

Das Kranzhorn wird von uns in eigner Form erblicket,
Mit einem grossen Kreuz am Gipfel schön geschmücket,
Als wollt' es feierlich hoch über Felsenschlünden
Uns der Erlösung Heil im Strahlenglanze künden;

Der Heuberg, Rabeneck, der Samerberg, gekleidet
In schönes Rasengrün, d'ran sich das Auge weidet,
Und an ihm steigt empor, mit seinem Felsenrücken
Die hohe Riss, die wir anstaunen mit Entzücken;
Darauf folgt der Klausenberg, das Zellerhorn erscheinet,
Mit ihm das Mühlhorn sich, der Gigelstein vereinet.

An den Veitlochnerkopf lehnt sich die hohe Kampen,
Und wenn die Feuer hell auflodern wie die Lampen
Auf diesen Bergen all' in stiller Nacht erbrennen,
Und Jubelrufe von den Alpen niedertönen:
O, da fühlt sich das Herz mit Allgewalt gehoben,
Den Herrn und Gott wir laut in seinen Werken loben.
Es ist ein Gott, ruft uns laut die Natur entgegen;
Er schuf die Welt so schön, gewährt ihr seinen Segen.
Der Berg, das Thal, das Land, das Meer und alle Fluren,
Sie künden laut uns hier vereint der Gottheit Spuren.

Die Hochplatte, die schliesst sich an die Kampenwände,
Und an sie ketten sich des Hochgerns Felsenrände;
Und auf den Klippen, hoch an eine Wand gebauet,
Der Pilger still erfreut das Schnappenkirchlein schauet.
Das Thürmlein ragt empor und mahnt ihn, zu den Höhen
Mit andachtsvollem Blick' begeistert hin zu sehen,
Damit ein kurz Gebet weit über Felsenwände
Er zu dem Herrn und Gott hinauf zum Himmel sende.
Und wenn das Glöcklein sich bewegt in sanften Schwingen,
Hört er ein frohes Lied des Alpenjägers singen.

Des Jägers Lied.

Auf der Alma ob'n sing i
  So laut, dass ös hörts:
Oan Gott und oan König
  Will's bay'rische Herz. (rep.)

Willst Vögerl mei Lied'l
  In d'Ebn abi trag'n,
So sag': für mein König
  Will s'Leb'n i gern wag'n.

Mein Huet und mei Büchsei,
  Mei Guet und mei Leb'n,
Das will i mit Freuden
  Für'n König hin geb'n.

Läut's s'Glöckerl im Kircherl,
  Dös an der Wand steht,
So zieh' i mein Huet ab,
  Knie nieder und bet':

„O Herrgott im Himmel!
  Dir därf ichs scho sag'n,
Oan Gott und oan König,
  Sonst will i nix hab'n.

Du theilst Glück und Freuden
  So gnädiglich aus;
D'rum schick' Heil und Segen
  Für's königlich Haus."

So denk' i, so bet' i
  Mei Lebtag lang fort,
Oa Gott und oa König,
  Dös is mei letzt's Wort.

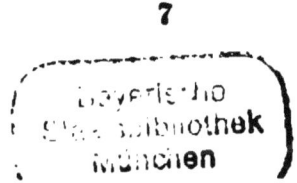

Am Fuss' der Berge bricht der Chiemsee seine Wellen,
Und auf dem Wasserreich', dem reinen spiegelhellen,
Da gleiten Kähne hin, ein Dampfschiff braust in Eile,
Berührt in schnellem Flug' die fernen Ufertheile.
Das Auge kann erfreut die schönen Inseln sehen,
Wo Herrn- und Frauenwörth auf Felsengrunde stehen,
Ein weiblich Institut auf letztem ist gegründet,
Das rühmlichst uns bekannt, den schönsten Beifall findet;
Veredelt an Gemüth, an Herz und Geist durch Lehren
Die Zöglinge zur Freud' der Eltern wiederkehren.

Der Hochfellner ist an den Hochgern hingekettet,
Und nebenan hat sich der Watzmann hingebettet;
D'rauf folgt der Unterberg, der Zinnkopf, Zwieselshöhen;
Den Hohenstaufen und den Untersberg wir sehen
Mit seinem Marmorbruch' und mit den alten Sagen,
Die mährchenhaft erzählt, vor unser'm Geiste tagen;
Und hinter dem Gebirg' sich uns noch riesig zeigen
Die Häupter aus Tyrol, im ernsten, tiefen Schweigen
Der Kienberg, Wildalphorn, der Lofrersteinbergrücken,
Der Reifelberg und der Hochkalter zu uns blicken.

Den Bergesreih'n entlang viel Wallfahrtsorte prangen,
Wohin das christlich' Volk in Stunden, in den bangen
Gern pilgert hoffnungsvoll in Schmerz und Leid und Nöthen,
Um im Vertrauen auf Gott mit Andacht dort zu beten.
Diess sind der Birkenstein, Schwarzlack und dann die Biber,
Der schöne Petersberg und Kirchwald gegenüber;
Bei Prien das Abendmahl und an den Bergeshöhen
Maria-Eck und noch viel and're Kirchlein stehen.
Sie winken freundlich uns zu ihnen hinzukommen
Auf ihren Felsensitz, wo die Altäre thronen.

Diess alles mahnet uns, mit innigstem Vertrauen,
Mit kindlich' frommem Sinn nach oben hin zu schauen,
Mit reger Lernbegier die Stufen zu erringen,
Die immer näher uns zu Gott im Himmel bringen,
Zu lernen früh und spät, die Jugendzeit zu nützen,
Dass in dem Alter wir die Eltern kräftig stützen,
Dass Kirche, Staat und Thron als Heiligthum wir wahren,
Und lebensmüde einst nach Mühen und Gefahren,
Wenn unser Auge bricht, getrost zu jenen Höhen
Hinblicken, wo uns winkt ein freudig' Wiedersehen!

Chronologische Uebersicht

der

wichtigeren Begebenheiten Rosenheims.

....

1160 Erste urschriftliche Kunde von Rossacker, eines Bestandtheiles des jetztigen Rosenheim.

1190 Zweite urschriftliche Kunde von Rossacker.

Im Anfange des XIII. Jahrhundertes Erbauung der ersten Kapelle zu Rosenheim, dem heil. Nikolaus geweiht (die spätere Pfarrkirche).

1234 Erstes urkundliches Vorkommen eines Hofes vor dem Schlosse zu Rosenheim, den Grafen von Wasserburg gehörig.

1240 Rosenheim Pfandbesitz des Bischofes von Regensburg.

1247 Anfall des Hofes und des Schlosses zu Rosenheim nach dem Untergange der Grafen von Wasserburg an Bayern.

1253 Dem Kloster Rott durch Herzog Otto von Bayern gegebene Zusicherung seiner jetztigen Besitzungen und künftigen Erwerbungen im Gebiete des Schlosses Rosenheim.

1265 Urkundliche Erwähnung der Strasse von Rosenheim.

1267 Dem Kloster Rott durch Herzog Heinrich von Landshut gleich gegebene Zusicherung, wie durch dessen Vater Herzog Otto von Bayern.

1276 Urkundliche Erwähnung der Brücke zu Rosenheim.

1278 Errichtung einer herzoglichen Zollstätte zu Rosenheim.

1287 Das erste Amt oder Gericht zu Rosenheim.

1287 16. September wird die Veste Rosenheim in die Hand Konrad's von Preising gelegt.

1292 Konrad von Preysing, Hauptmann datz (zu) Rosenheim.

1315 22. Juni. Uebergabe aller Vesten im Niederlande mit Ausnahme von Mitterfels, Rosenheim und Krandsberg durch Kaiser Ludwig an.seine Vetter.

1315 Betheiligung der Bürger Rosenheims an dem Kampfe bei Gammelsdorf.

1318 Annahme des Rosenheimer Maasses als Normalmaass für die Umgegend.

1322 Betheiligung der Bürger an dem Kampfe bei Ampfing.

1324 Pfandweise Besitznahme Rosenheims durch Heinrich von Preysing.

1328 Rosenheim wohlbestellter Markt, mit Freiheiten und Rechten von seinen Landesherrn begabt und anerkannt.

1348 28. August. Stiftung einer hl. Frühmesse durch „den Rat und die Gemain dez Markts daz Rosenham" nebst dem siegelmässigen Bürger Eberhard dem Hundhaimer und dessen Hausfrau zu Rosenheim.

1351 25. Mai Genehmigung einer durch „die Erbern und weisen der Rat und die Gemain, Arm und Reich der Burger zu Rosenham" gestifteten hl. Frühmesse durch die Abtissin Offmey und den Konvent zu Frauenwörth.

1353 Rosenheim Pfandbesitz für die Wittwe des Kaisers Ludwig.

1361 Bestätigung des Marktes Freiheiten durch Herzog Friedrich von Landshut.

1361 Rosenheim Pfandbesitz der Gemahlin Herzogs Friedrich von Landshut.

1388 Stiftung der sogenannten hl. Aschauermesse durch Wolf Aschauer zu Aschau und Wildenwart.

1392 Verleihung des Georgi-Jahrmarktes durch Herzog Friederich von Landshut, nachdem der Nikolaus- und Kirchweih-Jahrmarkt bereits als zuvor herkömlich bezeichnet wurden.

1405 hiessen die vier zur Handhabung der Freiheit und Ordnung gewählten Bürger „die Genannten."

1408 Stiftung der hl. Mittermesse auf dem St. Andreasaltar in der St. Nikolauskirche durch die Gemeinde.

1411 Erbauung der Mangfallbrücke an der Rosenheimer-Kufsteiner-Strasse.

1411 22. April. Urkundliche Schankung des Wismad in dem Badwörth an Rosenheim zur Aufbesserung der Tyroler-Mangfallbrücke durch Herzog Heinrich von Niederbayern.

1413 Schankung einer jährlichen Gilt von 60 Pfennigen durch den Bürger Ulrich Chramer zu Rosenheim zur Erhaltung der Mangfallbrücke an der Tyroler-Strasse.

1417 Gründung Unser Lieben-Frauen-Bruderschaft.

1417 21. März. Bestätigung der bereits herkömlichen, nach der Frühmesse gehaltenen hl. Mittermesse, durch die Abtissin Katharina und den Konvent zu Frauenwörth.

1417 Hanns Mildorffer „der schuelmaistei" zu Rosenheim.

1422 Betheiligung der Landwehr Rosenheims an dem Kampfe bei Alling.

1430 Erbauung des Innthores.

1438 9. Dezember. Stiftung einer ewigen hl. Messe und Prozession in der hinteren Kapelle der St. Nikolaus-Kirche durch den wappengenossenen Bürgermeister Georg Hueber.

1439 24. Februar Aufgebot der Landwehr durch Herzog Heinrich von Landshut zur Vertheidigung des herzoglichen Schlosses und Marktes Rosenheim.

1443 Abermalige Rüstung der Rosenheimer Landwehr für Herzog Heinrich von Landshut.

1444 Verleihung des Rechtes der Pfändung gegen den Fürkauf ausserhalb des Marktes.

1444 Bewilligung des Pflasterzolles.

1449 Erbauung des Wiesenthores.

1449 Erbauung der hl. Geistkirche durch den wappengenossenen Bürger Hanns Stier zu Rosenheim.

1449 21. November. Stiftung einer ewigen hl. Messe in der hl. Geistkirche durch Hanns Stier und dessen Hausfrau Ursula, geborne Pöttschnerin.

1450 Gründung des Spitales für Arme.

1450 Herstellung einer etwas unvollständigen Hereinleitung des Brunnwassers vom Schlossberge nach Rosenheim.

1458 Auszug der Landwehr mit 32 Mann gegen Donauwörth unter Herzog Ludwig dem Reichen.

1459 13. Juli. Auszug der Landwehr mit 42 Mann unter Herzog Ludwig dem Reichen gegen den Markgrafen Achilles von Brandenburg.

1460 Theilnahme der Landwehr Rosenheims an der Eroberung der Städte Eichstädt und Rott.

1461 26. April Einberufung der Abgeordneten des Marktes Rosenheim zum Landtage nach Landshut.

1461 9. August und 3. September. Auszug von 37 Mann Landwehr in den vom Kaiser Friederich III. dem Herzoge Ludwig dem Reichen erklärten Reichskrieg.

1462 16. März und 6. April. Auszug von 39 Mann Landwehr in das herzogliche Lager nach Lauingen nach erneuter Reichskriegserklärung.

1462 23. Juni. Weiterer Auszug von 32 Mann Landwehr gegen Ingolstadt

1462 19. Juli. Theilnahme der Rosenheimer Landwehr an dem Siege bei Giengen.

1462 4. August. Nochmaliger weiterer Auszug von 29 Mann Landwehr.

1462 Verlegung des Georgi-Jahrmarktes auf 8 Tage nach Georgi durh Herzog Ludwig den Reichen.

1465 31. Oktober. Aufgebot der Landwehr durch Herzog Ludwig den Reichen auf des römischen Kaisers Befehl gegen Jakob von Argon.

1465 15. November. Auszug der Landwehr nach dem Versammlungsplatze zu Landshut und von da gegen Jacob von Argon zum Schlosse Wasserburg oberhalb Lauingen bei Günzburg.

1466 Eroberung des Schlosses Wasserburg bei Günzburg.

1467 21. Mai Aufgebot durch Herzog Ludwig den Reichen auf 3 schöne gerade Trabanten.

1467 28. September. Zweites Aufgebot auf 6 Trabanten, hiemit Einführung geworbener Kriegsknechte.

1469 25. Juli. Brand des ganzen Marktes Rosenheim.

1417 Stiftung einer ewigen täglichen heil. Messe auf dem St. Johannes-Altar des Gotteshauses St. Niklas durch die Zechpröbste Georg Graff und Achazi Scheychenstul nebst allen Brüdern und Schwestern der Mehreren Bruderschaft (Unser Lieben Frauen).

1476 Einberufung der Abgeordneten des Marktes Rosenheim zum Landtage nach Landshut.

1477 31. Mai. Eintreffen des Befehles des Herzogs Ludwig des Reichen zur Rüstung der wieder benöthigten Landwehr gegen das Vordringen der Türken in den unteren Donauländern.

1478 Bestätigung der 1470 durch die Unser-Lieben-Frauen-Bruderschaft gestifteten hl. Messe durch den Bischof Sixt von Freising.

1478 2. Juni. Verleihung der Berechtigung der Anschütt und Wasserfracht gegen Zollabgabe durch Herzog Ludwig den Reichen.

1478 1. und 3. August. Wiederholte Befehle zur Rüstung der Landwehr.

1479 15. Mai. Huldigung des Rathes und der Bürgerschaft Rosenheims dem Herzoge Georg dem Reichen zu Landshut.

1481 Erbauung der dritten und letzten der Gemeinde eigenthümlich gehörigen Mühle.

1487 1. Mai. Auszug von 8 Mann nach Roffreid (Rovoreto), zu Hülfe geschickt von Herzog Georg seinem Vetter Erzherzog Sigmund gegen die Welschen.

1488) Verschiedene Aufgebote zu Rüstungen und Aus-
1490) märschen durch Herzog Georg den Reichen während
1492) des Krieges in Schwaben

1492 Schankung von 12 Pfund Pfennigen jährlichen Geldes durch den Bürger Hanns Glarher zu Rosenheim zur Stiftung eines neuen Altars zu Ehren des hl. Stephan, Wolfgang und Lorenz in der St. Nikolaus-Kirche und einer ewigen täglichen hl. Messe darauf.

Im XVI. Jahrhunderte Erbauung des Färberthores.

Im Anfange des XVI. Jahrhundertes Gründung des Leprosenhauses.

Im XVI. Jahrhunderte Gründung der St. Sebastians-Bruderschaft.

Seit dem Anfange des XVI. Jahrhundertes Bestehen der Feuer-Schützengesellschaft.

1502 Festsetzung der Jahrmärkte durch Herzog Georg den Reichen zu Landshut.

1503 Benennung des Marktes Rosenheim als landschaftlicher Ausschuss.

1504 29. April. Aufforderung der Landwehr zum Ausmarche gegen Burghausen in Folge des ausgebrochenen Landshuter-Erbfolgekrieges durch den Pfalzgrafen Ruprecht; unterbliebener Ausmarsch auf Protestation des Rathes.

1504 27. Mai. Gezwungene Erbhuldigung in Wasserburg für den Pfalzgrafen Ruprecht durch 5 Abgeordnete des Marktes, darunter der Landwehrhauptmann Erhart Reich; Flüchtung vieler Rosenheimer mit Hab' und Gut auf die Insel und in's Kloster Frauenwörth. Pfalzgräfliche Besatzung zu Rosenheim.

1504 Anfangs Juni. Ankunft des herzoglich albrechtischen Hauptmannes Jörg Auer vor Rosenheim und dessen erfolgte Zurücktreibung.

1504 9. Juni. Kaiser Maximilian I. verspricht der Stadt Rosenheim Hülfstruppen.

1504 9. Juli. Einnahme Rosenheims durch die kaiserlichen und herzoglich albrechtischen Truppen: bald darauf wieder pfalzgräfliche Besatzung zu Rosenheim.

1504 18. Oktober Einzug des Kaisers Maximilian mit seinen Fürsten und seinem Heere.

1504 27. Oktober Weiterzug des Kaisers gegen Aschau und Traunstein.

1504 14. November. Wiederholte Ankunft des Kaisers in Rosenheim.

1504 17. November. Abzug des Kaisers von Rosenheim nach Kufstein und Innsbruck.

1505 Verleihung der Salz-Fracht und des Salz-Handels durch Herzog Albrecht IV.

1507 Stiftung des ältesten Schildes an der Kette der Schützengesellschaft durch Herzog Ludwig in Bayern.

1508 gibt Herzog Wolfgang als Vormünder des jungen Prinzen Wilhelm dem Markte eine Wahlordnung, wonach der Rath aus 6 Personen des innern und aus 8 Personen des äusseren Rathes bestehen soll. Diese Urkunde blieb das Grundgesetz der Verwaltung des Marktes nach innen und aussen bis zum Jahre 1808.

1510 5. September. Einberufung der Abgeordneten Rosenheims zum Landtage nach Straubing.

1510 Erlass von „Ordnungen des Salzführens" durch den Rath.

1511 Entscheid des Herzogs Wolfgang in der Streitigkeit bezüglich der Mangfallfischerei, durch welchen dieselbe vom Einflusse der Leizach in die Mangfall bis zur Mündung der Mangfall in den Inn den Märkten Rosenheim und Aibling und dem Fischer am Rain zuerkannt wurde.

1512 13. Dezember. Errichtung einer Urkunde, nach welcher der Bürger Oswald Pernauer eine Kapelle zu Ehren des hl. Michael auf dem Freithofe erbaut und in selber eine ewige hl. Messe stiftet.

1513 29. Juli. Bischöflich Freising'sche Bestätigung der Stiftung zur St. Michaels-Kapelle und Bestellung des Vetters oder Bruders des Oswald Pernauer, Mathias Pernauer, als ersten Kaplan.

1514 Burgfriedens-Streitigkeiten zwischen Rath und Gerichtspfleger.

1514—1516 in den berüchtigten Landtagshandlungen dieser
Jahre der Markt Rosenheim stets einer der Aus-
schüsser und Vollzieher im Gedinge.

1516 Wiederholter Erlass von „Ordnungen des Salzführens"
durch den Rath.

1517 28. Januar Wiederholte Verleihung der Freiheit des
Salzhandels durch die Herzoge Wilhelm und Ludwig.

1521 Stiftung einer ewigen hl. Messe zur St. Nikolaus-
Kirche durch den Bürger Kaspar Huebl zu Rosenheim mit einem jährlichen Einkommen von 25 Pfund
Pfennigen als Aufbesserung der Glarher'schen Stiftung von 1492.

1522 Schankung von mehreren Gütern durch Kaspar und
Martha Huebl zur Aufbesserung der 1521 gestifteten
ewigen hl. Messe.

1525 Beilegung eines Streites des Marktes Rosenheim mit
dem Markte Aibling bezüglich der Mangfallfischerei
durch Aufrechthaltung des landesfürstlichen Ent-
scheides vom Jahre 1511.

1528 Verlust der Berechtigung der Anschütt.

1529 Eintreffen eines Abgeordneten mit dem Befehle der
Herzoge Wilhelm und Ludwig an die Landwehr
zum unverzüglichen Abmarsche nach Braunau
(Türkenzug.)

1537 22. August. Erlass eines Befehles des Herzogs Wilhelm IV. an den Magistrat zur Errichtung eines
Brunnenwerkes am Schlossberge.

1539 26. Dezember. Erlass eines offenen, vom Herzog
Wilhelm IV. unterzeichneten Schreibens, worin
die benachbarten Klöster und Hofmarken zur
Abgabe von Holz zu der Brunnenleitung für den
Markt Rosenheim aufgefordert werden und der Gemeinde Rosenheim ein Staatsservitut eingeräumt
wird, nach welchem die Röhren ihrer Brunnenleitung
über die Brücken des Inns und der Mangfall ge-

führt und von derselben nur die Baukosten für die Leitung, nicht aber für die Brücken bestritten werden dürfen.

1542 13 Februar. Brand von 100 Gebäudefirsten im Rosenthale und in der Wiesengasse.

1542 21. Juni. Aufforderung der Herzoge Wilhelm und Ludwig an den Bürgermeister und Rath zur Absendung der der italienischen Sprache mächtigen Mitbürger Dionisi Pirchinger und Georg Scheuchenstul zu den in Innsbruck angekommenen und durch Bayern ziehenden päpstlichen Kriegsvölkern.

1543 21. August Eintreffen des Befehles des Herzogs Wilhelm, 8 Auserwählte mit Handrohren (Schiess-Gewehren) und Spiessen auszurüsten, mit Unterhalt und Zehrung wohl zu versehen und auf Forderung der herzoglichen Hauptleute Tag und Nacht nach Schärding und Ried abmarschiren zu lassen.

1546 3. August. Eintreffen des Befehles an den Rath zur Lieferung von 4000 Broden nach Aibling für die den folgenden Tag aus Tyrol auf dem Marsche nach Ingolstadt durch Aibling kommenden 4000 Reiter.

1549 Erlass einer Betimmung über den Futterkauf zu Gunsten des Marktes Rosenheim.

1552 Verpachtung der drei der Gemeinde gehörigen Mühlen um 108 fl. 6 sch.

1559 Nach vierzigjährigem Streite mit der Stadt Wasserburg ungestörte Besitznahme der erworbenen Salz-Fracht und Salzniederlage zu Rosenheim.

1561 Verwendung von 23 Schiffen und 300 Wägen zur Zufuhr von Pflastersteinen.

1561 Einwanderung des Welschen Martin Papin, geb. 1540 in Bisolo, unter dem verdeutschten Namen Martin Päpinger.

1561 Verweigerung der Bürgeraufnahme und der Erlaubniss zur Verehelichung des Martin Päpinger mit Magdalena, der Tochter eines verstorbenen Bürgers Augustin Jacob, durch den Magistrat.

1561 21. April Eintreffen der Fürsprache der Herzogin Anna von Bayern bei dem Magistrate bezüglich der Bürgeraufnahme und Verehelichung des Martin Päpinger mit Magdalena Jakobin.

1562 12. April. Einweihung der Kirche Unseres lieben Herrn, auch „St. Salvatorkirche" benannt, und des ausserhalb des Marktes am jetzigen Salinenplatze neu errichteten Gottesackers, durch den Weihbischof Oswald von Freising.

1565—1566 Durchzüge von welschen Kriegsvölkern nach Ungarn.

1565 4. Juni. Antwort des Rathes auf die Anfrage des Herzogs Albrecht V., dass im Markte 253 Bürger im Ganzen seien, aber nur 136 Mann als wehrhaft anzusehen wären.

1566 Auszug eines Theiles der Bürger gegen die Türken.

1566 Verehelichung des Martin Päpinger mit Magdalena Jakobin ohne Einwilligung des Magistrates.

1567 Annahme des heimathlich welschen Namens Martin Papin statt des verdeutschten früheren Martin Päpinger.

1567 Umbau des bisher hölzernen Brunnhauses in eines von Stein durch den Maurermeister Brodhueber.

1570 Endlich erfolgte Aufnahme des Martin Papin als Bürger und Bierbräuer zu Rosenheim auf ernstlichen Befehl des Herzogs Albrecht V., an welchen sich der Magistrat zur Abänderung dieses Befehles, jedoch vergeblich, im selben Jahre gewendet hatte.

1571 Ein lateinischer Schulmeister neben dem deutschen Schulmeister.

1575 Geburt des Tobias Geiger, Sohn des berühmten Baders und Wundarztes Hans Jacob Geiger.

1575 7. September. Gründung der Jungfrauen- und Lehrlings-Stiftung durch Sigmund Entmoser von und zu Entmoos.

1580 Erste Ertheilung des Jungfrauengeldes an Magdalena Stockherin.

1583 Neue Kriegsordnung der Landwehr.

1583 22. Juni. Grosse Landwehrparade und Hauptmusterung im Beisein des Rathes.

1583 6. Nov. Zug der Landwehr nach Miesbach gegen die Reformirten und Besetzung der Herrschaft Waldeck.

1585 Martin Papin, Schiffmeister am Inn und Getreide- und Weinhändler, nachdem er mehrere Jahre zuvor Gastgeber und Handelsmann wurde.

1588 wird der Markt Rosenheim einer der Hauptschuldner des Martin Papin durch an die Gemeinde geliehene Kapitalien.

1590 Zweite Verehelichung des Martin Papin mit Appollonia Weissenfelderin aus dem angesehenen Bürgergeschlechte Münchens.

1592 siegelte Martin Papin in Folge der Verleihung eines pfalzgräflichen Wappenbriefes für sich und sein Geschlecht mit dem neu ertheilten Wappen.

1539 Erscheinen der „Schützenordnung der Püxen Zillstatt allhie zu Rosenheim."

1594—1601 Fortwährende ununterbroche Durchzüge welscher Kriegsvölker nach Ungarn.

1594 Dienste des Tobias Geiger von Rosenheim als Feldscherer bei dem Zuge des Markgrafen von Burgau nach Ungarn und bei der Belagerung von Komorn.

1595 Geburtsjahr des Daniel Geiger, des jüngsten Bruders des Tobias Geiger.

1595 24. Februar. Neue Einrichtung der Bürgerwehr und Einsendung des „Musterregisters des Markhts Rosenhaim" an den Herzog Wilhelm V.

1596 Erscheinen von Erläuterungen über die Getreideausfuhr auf der Achse durch die Bauersleute.

1596 bis 18. Juni 1603 leistete Martin Papin die jährliche Bezahlung des Organisten.

1596 2. Februar. Geburt des Johannes Adlzreiter als Sohn eines Nestlers.

1597 Stiftung eines Messgewandes zur Pfarrkircke durch Martin und Appollonia Papin.

1598 Meisterprüfung des Tobias Geiger als Wundarzt in Rosenheim.

1599 Verheirathung des Tobias Geiger mit einer Tochter des Malers Georg Hemmer aus München.

1599 Ankauf einer Uhr auf das Mitterthor um 80 fl. von dem berühmten Uhrmacher Elias Hurlepain aus München. Im XVII. Jahrhunderte Stiftung des Reichalmosens, auch Stockalmosen genannt.

1600 Wiederverleihung der Berechtigung der Anschütt.

1601 Uebersiedlung des Tobias Geiger von Rosenheim als Stadtwundarzt nach München.

1602 Verlegung der Pfarrei Pfaffenhofen nach Rosenheim durch Herzog Max I. und Erhebung der St. Nikolaus-Kirche zur Pfarrkirche.

1602 Bernhard Gassel, erster Pfarrer in Rosenheim.

1602 Ernennnung des jeweiligen Benefiziaten der Hanns Stier'schen und Georg Hueber'schen Stiftungen zum ständigen Cooperator an der Pfarrkirche.

1603 18. Juni. Bedeutende Schankungen des Martin Papin zum Spitale und zur Bezahlung des Organisten durch den Magistrat.

1603 23. Oktober. Beginn des eigentlich medicinisch-wissenschaftlichen Studiums des Tobias Geiger.

1604 Aufforderung des Herzogs Maximilian I. an den Bürger Martin Papin zur Beihülfe an der Erbauung eines Kapuzinerklosters zu Rosenheim.

1604 wurde Joh. Adlzreiter zu seinem Vetter Sebastian Ernst, Richter zu Roteneck, geschickt, um Unterricht in den niedern Lehrgegenständen zu erhalten.

1604 Erlass, des Befehles des Herzogs Max I. an den Pfleger, Kastner, Magistrat und den Bürger Martin Papin zur Ausmittelung eines Platzes für die Erbauung eines Kapuzinerklosters zu Rosenheim.

1604 2. Januar. Verleihung der niederen Gerichtsbarkeit an den Markt in seinem Burgfrieden durch Herzog Max I. von Bayern gegen Wiederruf und jährliche Bezahlung von 250 fl. Reichsmünze an denselben.

1604 9. August. Erlaubniss zur Abhaltung der Verhöre durch den Pfleger für die Gerichtsleute auf dem Schlosse und zur Errichtung einer Schenkstatt daselbst. (Ursprung der noch heute bestehenden Wirthschaft am Schlossberge.)

1605 Ausmittelung des Platzes zum Kapuzinerkloster vor dem Münchener Thore durch Martin Papin

1605 23. Januar. Erscheinen eines Rescripts, durch welches die Kastner von Rosenheim und Aibling, sowie die umliegenden Gemeinden und die nächsten Prälaten und Adeligen zur Beischaffung der Materialien zum Kapuziner-Klosterbau veranlasst werden.

1605 13. September. Absendung des Hofmaurermeisters Georg Graff nach Rosenheim, um auf Befehl des Herzogs Max I. beim Ausstecken des Grundes behilflich zu sein.

1606 Geburtsjahr des Malachias Geiger, Sohn des Tobias Geiger.

1606 7. Mai. Grundsteinlegung zum Kapuzinerkloster vor dem Münchener-Thore.

1606 1. September. Hinterlegung des Testamentes Papins.

1606 Ende dieses Jahres oder Anfang des Jahres 1607 starb der früher verkannte, später der Gemeinde unersetzliche Martin Papin.

1607 Auszug der Landwehr gegen Donauwörth.

1607 Tobias Geiger, Feldwundarzt im Kriegszuge gegen Donauwörth.

1607 Geburtsjahr des Esaias Geiger, Sohn des Tobias Geiger.

1607 (Ende Juli oder Anfangs August) Einweihung des von Martin Papin erbauten Kapuzinerklosters und der Kirche zu Ehren der hl. Elisabeth, einer kgl. Prinzessin aus Ungarn, durch den Weihbischof von Freising in Gegenwart des Herzogs Max I. von Bayern.

1607 11. Dezember. Abschluss eines Kontraktes zwischen den Testamentsvollstreckern Papins einerseits und dem Bürger und Maler Hanns Schirmpeckh zu Rosenheim bezüglich der Anfertigung und Errichtung eines Denkmales für Martin Papin.

1608 Verehelichung der Wittwe Appolonia Papin mit dem Bürger Martin Forster zu Rosenheim.

1608 Aufstellung des leider nicht mehr vorhandenen Denkmales für Martin Papin in der Pfarrkirche zum hl. Nikolaus.

1608 14. März. Stiftung der Corporis Christi Bruderschaft durch den Pfleger Adolph Wilhelm Hundt zu Falkenstein, den Marktschreiber Johann Mayer und die Rathsherren Virgil Erb und Johann Müller.

1608 15. Juli. Erscheinen einer Fischordnung auf der Mangfall für die beiden fürstlichen Märkte Rosenheim und Aibling.

1609 kam Joh. Adlzreiter zur Jesuitenschule nach München.

1611 Tobias Geiger, Feldwundarzt im Kriegszuge gegen Salzburg.

1614 16. April. Promovirung des Tobias Geiger zum Doktor der Medizin und Chirurgie und bald hierauf erfolgte Ernennung des Dr. Tobias Geiger zum Marktsphysikus zu Rosenheim.

1615 Auffindung der schwefelwasserstoffgas- und eisenhaltigen Mineralquelle durch Dr. Tobias Geiger, Untersuchung der Wirkungen durch denselben und erste unternommene Leitung in dessen Haus nach Rosenheim.

1615 Besuch der Universität Ingolstadt durch Johann Adlzreiter, wo er als Hausschreiber bei dem Professor der Rechte, Kaspar Denich, seinen Unterhalt sich erwarb und dadurch die Fortsetzung seiner Studien ermöglichte.

1617 Confirmation der marianischen Statuten der Bruderschaft Unser Lieben Frauen.

1618 Einverleibung der Unser Lieben Frauen-Bruderschaft zu Rosenheim in die Erzbruderschaft zu München und Altötting.

1618 Abberufung des Dr. Tobias Geiger als Hofmedicus in das Hof- oder Herzogspital zu München.

1619 Erbauung der Spitalkirche durch den Bürger und Rathsherrn Simon Peer.

1619 Stiftung eines Benefiziums in der Spitalkirche durch Simon Peer.

1620 Einweihung der Spitalkirche zu Ehren des hl. Joseph durch den Weihbischof Bartlme Scholl von Freising.

1620 überlässt der Markt das noch bewohnte Benefiziatenhaus zur Stiftung in der Spitalkirche.

1620 Dr. Tobias Geiger, Feldarzt in der Pragerschlacht.

1620 13. Mai. Vermehrung der Jungfrauen- und LehrlingsStiftung durch Frau Martha Pfaffenbergerin.

1622 erhielt Adlzreiter den akademischen Grad als Lizentiaten und ward Regierungsrath in Straubing.

1626 Auszug des Rosenheimer Landfahnens gegen die rebellischen Bauern in Oberösterreich.

1626 18. Juli. Entsatz der Festung Linz durch die Rosenheimer Landwehr.

1629 Churfürstlicher Entscheid in den Burgfriedenstreitigkeiten zwischen Rath und Gerichtspfleger zu Gunsten des Marktes.

1629 zog Daniel Geiger aus Rosenheim als zu Padua promovirter Doktor der Medizin mit seiner Familie nach Pressburg, ward vom Kaiser Ferdinand III. in den Adelstand erhoben und wurde des Königs von Ungarn Leibarzt.

1636 21. Juni. Einweihung der vom Rathsherrn Georg Schauer erbauten St. Loretto-Kappelle durch Bischof Veit Adam von Freising.

1636 21. Juni. Feierliche Grundsteinlegung zur St. Sebastianskirche.

1641 2. Mai. Vernichtung des ganzen Marktes durch furchtbaren Brand; nur das Haus des Baders Huber blieb unversehrt.

1641 Juli. Eintreten eines grossen Wassergusses, welcher die nach dem Brande vom 2. Mai 1641 zum Wieder-

Aufbau beigeschafften Baumaterialien gänzlich hinwegschwemmte.

1641 Wiederaufbau des Färberthores (Thorbogens) nach dem Brande in der nämlichen Gestalt, wie zuvor.

1641 Fast neuer Wiederaufbau der durch den Brand sehr gelittenen Pfarrkirche.

1642 Wiederaufbau des Rathhauses in seiner jetztigen Gestalt.

1642 Wiederaufbau des Spitales in seiner jetztigen Gestalt.

1643 31. Januar. Eintreffen eines Schreibens des Grafen Wilhelm von Hohenwaldegg, Freiherr von Maxlrhain, von München aus mit dem Befehle, die Landwehr sollte unverzüglich nach Dachau abmarschiren.

1643 8. April. Bitte des Magistrates an den Kurfürsten Maximilian, in Anbetracht der Leiden und des Elendes des ganzen Marktes durch den fürchterlichen Brand und die Ueberschwemmung vom Jahre 1641 um Erlassung der neu ausgeschriebenen Kriegssteuer von 360 fl. 28 kr.

1643 23. September. Ausstellung der Quittung über erhaltene Kriegssteuer von 360 fl. 28 kr. durch den kurfürstlichen Pfleger und Hauptmannschaftsverwalter J. Egermayr zu Rosenheim.

1644 Vollendung der von der Bürgerschaft erbauten St. Sebastianskirche.

1645 2. August. Eintreffen des Befehles aus München, das Rosenheimer „Landtfendl" eilfertig zusammenzuziehen.

1646 Ernennung des Johannes Adlzreiter aus Rosenheim zum Hofkammerrathe und bald darauf zum geheimen Archivar in München.

1646 19. August. Aufforderung des Grafen Wilhelm zu Hohenwaldegg von Landshut aus zum Abmarsche des Landfahnens nach Ingolstadt.

1646 1. Septemper. Eilfertiger Abmarsch des ganzen Rosenheimer Landfahnens nach München.

1646 September. Eintreffen des Befehles des Kurfürsten

Maximilian zum Abbruche der Innbrücke, wodurch der ganze Markt durch Abhauen der über die Brücke gehenden Brunnröhren des ordentlichen Trinkwassers beraubt wurde.

1647 Auszug des Landfähnens nach Grünwald oberhalb München zur Besetzung der Isarpässe von München bis Wolfratshausen und Tölz.

1647 August. Fürchterliche Ueberschwemmung in Rosenheim.

1647 Ernennung des jeweiligen Benefiziaten der Kaspar Huebl'schen und Oswald Pernauer'schen Stiftung zum zweiten ständigen Cooperator an der Pfarrkirche.

1648 15. Juni. Ankunft der Schweden vor Rosenheim.

1648 17. Juni. Einzug der Schweden in Rosenheim.

1648 Erlaubinss des Kurfürsten Maximilian zur Herstellung eines Steges und der Wasserleitung über den Inn.

1649 Ernennung des Johannes Adlzreiter aus Rosenheim zum Vicekanzler Bayerns durch den Kurfürsten Maximilian.

Vicekanzler Johannes Adlzreiter ist der Verfasser des bayerischen Geschichtswerkes „Annales boicae gentis".

1650 Vicekanzler Adlzreiter hält eine denkwürdige Rede am Huldigungstage Ferdinands Maria, welche sich nicht mehr vorfindet.

1653 Wiederaufbau der Spitalkirche durch Andreas Peer, Sohn des Simon Peer.

1657 Geburtsjahr des Wolf Jakob Ruedorffer, des Wiedererweckers des Rosenheimer Bades und Urgrossvaters des jetzt noch lebenden Sebastian, Lebzelters in Rosenheim, und Michael Ruedorffer, Pfarrers in Vogtareith.

1657 2. Januar. Gründung des Geiger'schen Unterrichts-Stipendiums als Familienstipendium durch Dr. Tobias Geiger.

1658 Todesjahr des Dr. Tobias Geiger, wurde demnach 83 Jahre alt und hat trotz dieses hohen Alters noch immer eigenhändig Operationen bis zur letzten Zeit vorgenommen. (Begräbniss am Gottesacker zum hl. Kreuz in München.)

1660 18. August. Aufnahme des späteren kurfürstlichen Leibschiffmeisters Johann Rieder aus Mühlgraben, Herrschaft Kufstein, als Bürger zu Rosenheim.

1662 11. Mai. Johannes Adlzreiter von Tettenweis, 66 Jahre alt, in München gestorben. (Begräbniss in der Karmelitenkirche in München.)

1664 Musterung des Landfahnens im Beisein des kurfürstlichen Kriegskommissärs Johann Adolph v. Starzhausen.

1664 14. Februar. Der ehemalige kgl. ungarische Leibarzt Dr. Daniel Geiger aus Rosenheim zu Regensburg gestorben.

1669 2. Januar. Einberufung der Abgeordneten Rosenheims zum Landtage nach München.

1669 10. August. Stiftung des Frauen-Mess-Benefiziums durch den ehemaligen Verwalter Wolf Scherer von Aschau.

1671 23. September. Todestag des churfürstlichen Leib-Arztes Dr. Malachias Geiger aus Rosenheim. (Esaias Geiger starb schon vor vollendeten Studien.)

1675 1. Februar. Stiftung des Ehehalten-Messbenefiziums durch die Frau des ehemaligen Verwalters Wolf Scherer von Aschau.

1684 Ein grösserer Brand zu Rosenheim.

1687 13. Januar. Stiftung des Hoppenbichler'schen Benefiziums durch Balthasar Hoppenbichler, Bürger und des innern Rathes Mitglied zu Rosenheim.

1691 Die Erbauung der Schiess-Stätte vor dem Färberthore.

1691 10. Juni. Auszug des Landfahnens nach München zur Parade vor dem Kurfürsten Maximilian.

1692 15. Februar. Stiftung des Frühmess-Benefiziums durch den Handelsmann Balthasar Sixt.

1696 Erhebung des 1632 in den Freiherrnstand erhobenen Bürgergeschlechtes Ruepp von Rosenheim in den Grafenstand.

1697 Anbau der zwei halbkreisförmigen Kapellen auf der Süd- und Nordseite der Pfarrkirche.

1697 3. August. Einweihung der neu angebauten beiden Kapellen, resp. deren Altäre durch Erzbischof Johann Franz von Freising.

1700 Frbauung eines kleinen Hauses zum Badgebrauche bei St. Loretto durch den Rathsherrn Wolf Jacob Ruedorffer.

1701 die erste chemische Untersuchung des Mineralwassers durch den Stadt- und Landphysicus Dr. Hueber zu Landshut.

1702 22. April. Beeidigung der im Landfahnen verbleibenden Rosenheimer Bürger und Einreihung der ledigen Mannschaft zum Landregimente nach erlassenem Ausschreiben des Kurfürsten Max Emanuel vom 5. Januar 1702.

1703 Ankunft des Kurfürsten Max Emanuel mit dem Stabe in Rosenheim auf dem Wege zu der am 18. Juni d. Js. eroberten Festung Kufstein.

1703 der Rosenheimer Landfahnen ein Theil der Besatzung der Festung Kufstein.

1703 19. Juli. Gefangennahme des in Rathsgeschäften nach Tyrol abgeschickten Bürgermeisters Johann Rieder.

1703 14. August. Entschliessung des Kurfürsten Max Emanuel bezüglich der zu creirenden Stelle eines eigenen Posthalters zu Rosenheim.

1704 Stiftung der Rosenkranz-Messanstalt durch den Magistrat bei den Bedrängnissen durch die Ausfälle der Tyroler.

1704 Frühjahr. Auswechselung der während des Krieges in Tyrol gemachten Gefangenen in Rosenheim, darunter auch des Bürgermeisters Johann Rieder.

1705 bis 1714. Mehr als zweihundert Truppendurchzüge und Einquartirungen.

1705 21. Juni. Entwaffnung der Bürger Rosenheims und Einlieferung der Waffen an das kaiserliche Pfleggericht zufolge Weisung der „Römisch Kayserlichen

Mayestät Administration des Herzogthums Bayern"
vom 19. Juni 1705.

1706 8. Januar. Brandschatzung des Marktes um 6000 fl.
wegen Verdachtes bei dem Volksaufstande in Bayern
gegen die kaiserliche österreichische Herrschaft be-
theiligt gewesen zu sein; später hierauf erfolgte die
Rücknahme dieser Brandschatzung wieder.

1707 24. Juli. Brand der ganzen Färbergasse.

1714 20. Februar. Feierliche Beerdigung der Gemahlin des
k. ungarischen und böhmischen Generalwachtmeisters
Johann Heinrich von Güntherod zu Wallpökh und
Arnstorff, Frau Maria Euphrosine, Tochter des gewesenen Handelsherrn Mathias Sixt zu Rosenheim.
Die Kosten für Beerdigung und Gottesdienst betrugen
1146 fl. 46 kr.

1715 16. Januar. Einsetzung des Obersthofmeisters Maximilian Johann Franz Grafen von Preysing, Pflegers
zu Rosenheim, als einstweiligen Administrator durch
Kurfürst Max Emanuel.

1715 15. und 17. Februar. Zwei feierliche Abhaltungen
von Te Deum laudamus in Folge des am 7. September 1714 zu Baden in der Schweiz geschlossenen Friedens.

1715 17. Februar. Festmahl sämmtlicher Geistlichen und
Beamten auf dem Rathhause auf Einladung des
Magistrates.

1715 3. März. Festmahl für die Hrn. Offiziere auf dem
Rathhause auf Einladung des Magistrates.

1715 9. März. Absendung eines mit 4 Pferden bespannten
Wagens von Seite des Marktes Rosenheim in Ge-
meinschaft mit dem Markte Aibling nach Strassburg,
um das Gepäck des Kurfürsten Max Emanuel dort-
selbst abzuholen.

1715 14. April. Ankunft vorerwähnten Wagens in München.

1716 Abhaltung eines Provincial-Kapitels im Kapuziner-
Kloster zu Rosenheim.

1716 Nothwendig gewordene Vergrösserung des von

Wolf Jakob Ruedorffer erbauten Badhauses durch eben denselben.

1717 Errichtung einer Messingfabrik verbunden mit dem früher bestandenen Kupferhammer.

1718 Erbauung eines Oratoriums in der hl. Geistkirche durch Caspar Stockhammer.

1718 Uebergabe der Rosenkranzmesse an die Kapuziner.

1720 Erbauung der Schiess-Stätte vor dem Innthore ausserhalb des Marktes, links von der Landstrasse.

1724 Todesjahr des Wolf Jakob Ruedorffer, des inneren Rathes Bürgermeister und Lebzelter, sowie Wiedererwecker des Heilbades.

1724 Uebernahme des Heilbades durch Johann Jakob Ruedorffer, den Sohn des Wolf Jakob Ruedorffer.

1725 Stiftung des Liebesbundes durch den Rathdiener Simon Scheibl (durch kleine Beiträge erhalten).

1727 Erscheinen der „Schützen-Ordnung des Pixen-Schiessen beim Churfürstlichen Markht Rosenhamb".

1731 Kauf des Pfarrhauses durch den Pfarrer Martin Schropp ad onus successorum.

1732 Wiederholte Verleihung der niedern Gerichtsbarkeit im Markte auf Wiederruf und gegen Recompens von 350 fl. auf 25 Jahre.

1732 Stiftung der St. Sebastians-Andacht.

1734 Umwandlung des bisherigen Liebesbundes zu einem festen Bündnisse.

1737 Erbauung der Magdalenen- oder Rossackerkapelle durch den Bierbräuer Martin Schmetterer zu Rosenheim.

1737 Erneuerung der Malerei an der Stirnmauer und der Verzierung an den Fenstern des Rathauses durch Maler Gregor Aigner in Wasserburg.

1740 Adelung der Hoppenbichler'schen Bürgerfamilie aus Rosenheim.

1741 Spätjahr. Uebersendung von Armaturen an den wehr- und waffenlosen Markt durch Kurfürst Karl Albrecht.

1742 12. Februar. Eintreffen eines Mandates des königl. ungarischen General-Feldmarschalllieutenants Georg Leonhard Freiherrn von Stentsch, worin binnen sechs Stunden die Absendung von 12 bevollmächtigten Geiseln bei Vermeidung der Zerstörung des Marktes mit Feuer und Schwert verlangt ist.

1742 13. und 14. Februar. Einrücken ungarischer Truppen in Rosenheim.

1742 25. Mai. Eintreffen der vom k. ungarischen General-Feldmarschalllieutenant von Bernklau eigenhändig geschriebenen und gesiegelten Salva guardia für den Markt.

1742 Oktober. Fortschleppung des Rathes und Handelsmannes Sebastian Wäldl von Rosenheim als Geisel über Burghausen nach Steiermark.

1742 10. Oktober. Einrücken des k. ungarischen Oberst-Wachtmeisters von Schlangen mit 70 Panduren und hierauf erfolgte Brandschatzung des Marktes durch dieselben.

1742 10. Oktober. Nach Passirung der Innbrücke bei dem Rückzuge des ungarischen Oberstlieutenants Grafen von Gurani wurde durch denselben trotz des um 60 Dukaten erkauften Versprechens, die Innbrücke nicht zu verletzen, diese angezündet und niedergebrannt.

1742 Ende Oktober bis April 1743. Besetzung des Schlosses Neubeuern und der Blockhäuser am Riedlberg oberhalb Nussdorf durch die Schützen des Landfahnens von Rosenheim und Aibling gegen die Einfälle der Tyroler.

1743 Uebergang der Nutzniessung des Geiger'schen Familienstipendiums an den Markt in Folge Absterbens der Geiger'schen Familie.

1743 1. Mai. Einrücken der Rosenheimer Schützen in den Markt

1743 20. Mai. Brandschatzung des Marktes durch die Oesterreicher um 3215 fl., welche Summe auf 2000 fl. herabgesetzt und im Juli bezahlt wurde.

1743 Mai bis September 1744. Besetzung Rosenheims durch die Truppen ungarischer Könige.

1743 Ertheilung einer Standarte von Maria Amalie, Gemahlin des Kurfürsten und späteren Kaisers Karl Albrecht an die Landwehr als Belohnung für bewiesene Tapferkeit.

1744 Chemische Untersuchung des Mineralwassers und Beschreibung des Heilbades durch den Physicus Dr. Willand.

1744 22. Oktober Morgens 7 Uhr. Zweitmaliger Einfall der Panduren und Einäscherung von 28 Gebäuden in und an der Färbergasse durch dieselben.
Schaden 45,121 fl. (Verlöbnisstafel hierüber in der Spitalkirche.)

1745 Wiederaufbau der beim Pandureneinfall 1744 niedergebrannten Schiess-Stätte an demselben Platze vor dem Innthore.

1745 18. April Mittags. Dritter Einfall von 573 Panduren und Brandschatzung von 487 fl.

1749 13. August. Zerstörung des Kapuzinerklosters durch Brand.
In der 2. Hälfte des XVIII. Jahrhunderts Abbruch des hl. Geistthores.

1752 Vollendung des Wiederaufbaues des Kapuziner-Klosters an demselben Platze.

1757 26.Februar. Wiederholte Verleihung der niederen Gerichtsbarkeit an den Markt gegen Recompens von 350 fl.

1758 Erweiterung des Anbaues für die Benefiziaten-Wohnung zu St. Loretto.

1764 13. Juni. Gründung der von Hoppenbichler'schen Stiftung durch Frau Maria Magdalena Rosalia von Hoppenbichl, Regierungsrathswittwe von Burghausen.

1768 Stiftung der Allerseelen-Bruderschaft durch den Bürger Georg Hall.

1772 Stiftung des jüngsten Schildes an der Kette der Schützengesellschaft durch Mathias Ellmayer, Bürger zu Rosenheim.

1783 Chemische Untersuchung des Mineralwassers und Beschreibung des Heilbades durch Dr. Franz Alexi Schmid.

1784 Verlegung des Richtplatzes, welcher früher für „zu Dekapitirende" auf der Wiese bei Loretto war, auf den Hochgerichtsort der „zu Strangulirenden" an der Mangfallbrücke.

1789 Erscheinen der „Statuten und Verordnungen für die junge Schtüzengesellschaft in Rosenheim".

1790 Jahreszahl an der Fahne der Feuer-Schützen-Gesellschaft.

1797 Stiftung des Helena Scherr'schen Benefiziums.

1797 Beginn der Arbeiten zu einer Flössungsanstalt und hierauf folgender Holztriftung auf der Schlierach und Mangfall nach Rosenheim.

1798 Errichtung des ersten Caféhauses durch Michael Hofmann.

Am Ende des XVIII. Jahrhunderts Aufhebung der lateinischen Schule in Rosenheim.

1800 Beginn des Hopfenbaues in Rosenheim.

1803 28. Oktober. Ausweisung der Kapuziner auf kurfürstlichen Befehl.

1803 Gründung des Lokalschulfondes.

1804 3. April. Versteigerung der Kapuzinerkloster-Gebäulichkeiten vor dem Münchnerthore.

1805 Chemische Untersuchung der Mineral-Heilquelle durch Medizinalrath Dr. Johann Baptist Graf.

1806 2. April und 9. Juni. Verleihung der silbernen Medaille durch König Max I. an die Landwehrmänner: Aman Georg, Salzburger-Bote, Kloo Peter, Zimmermann, Schmid Georg, Zimmermann und Tiefenthaler Vitus, Zimmerman zu Rosenheim wegen ihrer ausgezeichneten Verdienste.

1807 3. April und 14. Mai. Erscheinen von Verordnungen zur Versteigerung der alten Rüstungen und Waffen in den bgl. Zeughäusern, um damit einen Fond für neue Formirung und Montirung der Nationalgarde zu gewinnen.

1807 11. Dezember. Bildung zweier Compagnien Nationalgarde.

1807 22. Dezember. Negozirung eines Anlehens von 1000 fl.
zur Beischaffung der Armatur für die Nationalgarde.

1808 Ausspruch der kgl. Academie der Wissenschaften
von München, nach welchem die Mineral-Heilquelle
schon von den Römern als Heilbad benützt wurde.

1808 5. Juni. Erhebung des Franz Xaver Ruedorffer,
Grosshändler in München, des Sohnes des am 15. November 1722 zu Rosenheim gebornen Johann Leo-
pold Ruedorffer, in den Adelstand Bayerns.

1808 8. Oktober. Abtretung der niederen Gerichtsbarkeit
an das kgl. Landgericht Rosenheim und Einführung
der k. provisorischen Kommunal-Administration laut
Rescript vom 26. März 1806.

1808 Verkauf des der Gemeinde gehörigen Ziegelstadels,
sowie mehrerer zu verschiedenen Stiftungen und
Kirchen gehöriger Häuser, als des Atzenbergerhauses
etc. etc. zu spottbilligen Preisen durch die kgl.
provisorische Kommunaladministration zu Rosenheim.

1808 bis 1818 Sequestration der St. Michaels-Kapelle und
Umwandlung derselben in ein Schulhaus.

1809 Abbruch der St. Salvatorkirche, des Kapuziner-
Klosters und des Leichenhauses vor dem Münchner
Thore, sowie Verkauf des Gottesackers, an deren
Plätzen sich nunmehr die kgl. Saline befindet.

1809 17. März. Beginn des Baues der kgl. Saline.

1810 10. März. Gründung der Gesellschaft Harmonie.

1810 Eintreffen des Befehles des Generalkommissariates
für den Salzachkreis zu Burghausen zum Abbruche
der alten und zur Erbauung einer neuen Brücke
über die Mangfall an der Tyrolerstrasse.

1810 6. August wurde zum ersten Male in der kgl. Saline
zu Rosenheim gesotten.

1810 Dezember. Beginn mit dem Baue einer neuen Brücke
über den Inn.

1811 10. Juli. Feierliche Eröffnung der vom geheimen

Rathe von Wiebeking erbauten Bogenbrücke über den Inn.

1812 Ausgrabung des Wasserhofes zur Holztriftung.

1813 Stiftung der Krankenhausanstalt.

1814 Erbauung eines Soolen-Brunnwarthauses auf dem Schlossberge an der Stelle des alten Schlosses.

1814 bis 1824. Ziemlicher Verfall des Institutes der National-Garde zu Rosenheim.

1815 Beschreibung Rosenheim's mit seiner Heilquelle und Umgegend durch den kgl. Landrichter Joseph von Klöckel von Rosenheim.

1815 26. Juli. Erklärung des Scherr'chen Benefiziums als Schul-Benefiziums und Wiederbeginn des lateinischen Unterrichtes durch den Benefiziaten Perndorfer.

1817 Letzte Hinrichtung zu Rosenheim an dem Dienstknechte Anton Brugger wegen Mordes.

1818 7. Mai. Durch das erschienene Gemeindeedikt Rosenheim ein Markt mit einer magistratischen Verfassung III. Classe.

1819 22. Dezember. Bedeutende Wassergrösse.

1819 Starkes Emporblühen der lateinischen Schule.

1821 Errichtung der ersten bayerischen Soolen-Badanstalt in Rosenheim durch die Munificenz Sr. Majestät des höchstseligen Königs Max I. auf Anregung des um die Einführung der Soolbäder in Bayern viele Verdienste sich erworbenen Dr. Martin Schmid, Physicus zu Rosenheim.

1821 13. August. Bedeutende Wassergrösse.

1824 16. Februar. Erstmalige Paradirung der wieder neu reorganisirten Compagnie Nationalgarde bei der Feier des 25jährigen Regierungsjubiläums Sr. Majestät des Königs Max I.

1824 20. Oktober. Vereinigung der Allerseelen-Bruderschaft zu Rosenheim mit der in der St. Laurentius-Kapelle beim alten Hofe in München.

1825 Errichtung der Strassenbeleuchtungs-Anstalt.

1825 Chemische Untersuchung der Mineralquelle durch Professor Dr. Vogel.

1827 Einfüllung des innern Grabens von den doppelt d. h. links und rechts des Walles um den innern Markt gezogenen Gräben.

1832 17. Juli. Nach langjährigem Rechtsstreite die Brücke über die Mangfall an der Tyrolerstrasse als Distrikts-Brücke erklärt.

1833 15. Oktober. Marsch der Landwehr zur Grundsteinlegung des Theresienmonumentes nach Aibling.

1834 1. Juni. Marsch der Landwehr nach Kiefersfelden zur Grundsteinlegung der Ottokapelle daselbst.

1834 Brand des kgl. Salinenholzgartens.

1834 Brand dreier Häuser in der Färbergasse.

1834 Vereinigung der Landwehr-Compagnien Rosenheim und Aibling unter dem Commandanten der Landwehr des Landgerichtsbezirkes Rosenheim, Hrn. Rentbeamten Beer in Aibling.

1835 Abtragung der Wiebeking'schen Brücke über den Inn wegen Baufälligkeit.

1836 29. Mai. Grosse Landwehrparade zu Aibling bei Gelegenheit der Einweihung des Theresienmonumentes.

1836 19. Juni. Einweihung der Kiefersfelder Ottokapelle, bei welcher die Landwehr Rosenheims zugegen war.

1837 Abermaliges Aufhören der lateinischen Schule nach dem Tode des Benefiziaten Perndorfer.

1837 1. Februar. Vollendung des Leichenhausbaues neben der St. Sebastianskirche.

1837 3. Oktober. Vereinigung der Landgemeinde Rossacker mit der Marktsgemeinde Rosenheim.

1839 Errichtung eines Landwehrbataillons in Rosenheim mit selbstständigem Commando und 2 Compagnien.

1840 29. Juli. Bedeutende Wassergrösse.

1841 13. Februar. Kgl. Ministerialrescript zur Errichtung einer Lateinschule mit einem Subrektorat und vier Klassen.

1841 August. Brand der Salzstädel vor dem Wiesenthore.

1842 Chemische Analyse der Rosenheimer-Salzsoole und Mutterlauge durch Dr. L. A. Buchner jun.

1844 16. August. Gründung der von Braun'schen Wohlthätigkeits-Stiftung durch den bayer. Generallieutenant von Braun.

1845 Schankung eines Hauses zum Hoppenbichl'schen Benefizium durch den Benefiziaten Joseph Sarreiter.

1845 Wahl des Hrn. Johann Georg Rieder als Landtags-Abgeordneten.

1846 1. Januar. Gründung der Liedertafel.

1847 Verlegung der Schiess-Stätte an den jetztigen Platz in nordwestlicher Richtung vor dem Markte.

1847 Mai. Brand der ganzen Färbergasse.

1848 Abschlägiger Bescheid auf das Gesuch der Gemeinde um Verleihung eines Bezirksgerichtes.

1849 April. Brand des grossen Atzenbergerhauses.

1849 Projektirung einer Eisenbahn von München über Glon, Aibling, Rosenheim, Prien und Traunstein nach Salzburg durch k. Eisenbahnbausektionen.

1849 Gründung des Gesellen-Krankenunterstützungs-Vereines.

1850 Projektirung einer Eisenbahn von München über Holzkirchen, Aibling, Rosenheim und Traunstein nach Salzburg durch Hrn. Friedrich von Lössl, Ingenieur der von Hrn. v. Maffei gegründeten Aktiengesellschaft.

1850 Gründung des Veteranen-Vereines.

1850 13. März. Erhöhung des Pflaster-Zolles.

1851 2. Januar. Handbillet Ihrer Majestät der Königin Marie von Bayern, nach welchem aus Allerhöchstderselben Händen das Landwehrbataillon auf dessen gestellte Bitte eine Fahne als ehrende Auszeichnung erhielt.

1851 Pfingstmontag. Feierliche Weihe der Allerhöchst verliehenen Fahne des Landwehrbataillons.

1851 21. Oktober. Berufung der armen Schulschwestern zum Unterrichte für die weibliche Jugend.

1851 3. August. Bedeutende Wassergrösse.

1852 Uebernahme der Erbauung der Eisenbahn von München über Holzkirchen und Rosenheim nach Kufstein und Salzburg von Seite des Staates.

1853 Entscheidung über die Lage des Bahnhofes an der südlichen Seite Rosenheims, wonach die beabsichtigte Errichtung desselben an der Nordseite unterblieb.

1853 18. Juni. Bedeutende Wassergrösse.

1853 5. Oktober. Ueberlassung der St. Sebastianskirche zur Benützung dem zu errichtenden Hospiz der Kapuziner mittelst Magistratsbeschluss.

1854 Erbauung der Kunstmühle.

1854 24. August. Abbruch des Münchener Thores.

1854 6. September. Ankunft des ersten Dampfers „Wasserburg" auf dem Inne.

1854 November. Gründung und Eröffnung der Kleinkinder-Bewahranstalt.

1855 Errichtung einer Spar- und Hilfs-Kassa.

1855 Erbauung des jetztigen Leichenhauses an der hinteren Mauer des Gottesackers.

1855 Beginn des Betriebes der Kunstmühle.

1855 17. Juni. Gründung des katholischen Gesellen-Vereines.

1855 August. Gänzliches Aufhören des Fortbestehens der lateinischen Schule.

1855 13. November. Die letzte, jetzt gültige Festsetzung und Vermarkung des Burgfriedens.

1856 15. Mai. Wiedereinweihung der umgebauten St. Sebastianskirche durch den Hrn. Erzbischof Gregor Scherr von München.

1856 28. Oktober. Einzug der Kapuziner in das neu erbaute Kloster bei der St. Sebastianskirche.

1856 8. November. Beginn des Betriebes der J. A. Huber'schen Seilenwaarenfabrik.

1857 Abweisung des Gesuches der Bürgerschaft um Erhebung des Marktes Rosenheim zur Stadt.

1857 Aufstellung eines Pyroscops nach Dr. Steinheil'scher Erfindung auf dem Pfarrkirchthurme durch Ingenieur Haislinger.

1857 3. Februar. Beginn des Betriebes der Beilhack'schen Maschinenfabrik.

1857 5. März. Verleihung des St. Michaelsordens (Ritter-Kreuz II. Classe) durch Se. Majestät den König Max II. an den k. Landwehrmajor Carl Max Hayler wegen seiner vieljährigen ausgezeichneten Landwehr-Dienste.

1857 26. Mai. Erscheinen einer provisorischen Schifffahrts-Ordnung für den Inn und seine Nebenflüsse.

1857 12. Juni. Fahnenweihe des kathol. Gesellenvereines.

1857 4. Juli. Ueberreichung einer Flagge von Seite des Magistrates an die Inndampfschifffahrts-Gesellschaft für den Schleppdampfer „Rosenheim."

1857 24. Oktober Mittags 12 Uhr. Ankunft des ersten Eisenbahnzuges von München.

1857 1. November. Verkekrsübergabe der Eisenbahn von München nach Rosenheim.

1857 November. Gründung des Handelsgremiums.

1858 16. und 17. Juli. Aufenthalt Sr. Majestät des Königs Maximilian II. im Bade zu Rosenheim.

1858 2. August. Verkehrsübergabe der Eisenbahn von Rosenheim nach Kufstein.

1858 13. November. Uebergabe des Bahnhofes zum Bahn-Betriebe.

1859 Nochmalige Erweiterung des Anbaues der Bene-fiziatenwohnung zu St. Loretto.

1859 31. März. Höchste Ministerial-Entschliessung, enthaltend die Genehmigung zur Abhaltung von 3 bis 4 Gottesdiensten für Protestanten in dem im Rath-Hause hergerichteten Betsaale.

1859 Juni, Juli, August, September Einquartirungen von 5438 Mann zur Besetzung der Bundesfestungen Ulm und Rastatt bestimmte österreichische Truppen, dessgleichen von 695 Mann bayerische Jäger.

1859 Juni. Bildung eines Comités zur Verpflegung der auf der Eisenbahn durchpassirenden, für den Krieg in Italien bestimmten österreichischen Armee mit einem Geld- und Naturalienaufwande von 3890 fl. 12 kr.

1860 Gänzliche Einstellung der Dampfschifffahrt und bedeutende Verminderung der 600 Jahre alten, so sehr belebt gewesenen allgemeinen Schifffahrt auf dem Inn.

1860 Einführung der Helme bei der Landwehr.

1860 Erklärung des Fischrechtes auf einem Theile der Mangfall, nämlich von der oberen Salinenwehr bis zur unteren Wehr als ausschliessliches Eigenthum des Metzgers und Garkoches Joh. Bapt. Jud zu Rosenheim als des Besitzers eines Gütchens an der obern Wehr in Folge einer Rechtsentscheidung.

1860 Verfassung der Chronik des Marktes Rosenheim durch Dr. Otto Titan von Hefner aus München im Auftrage und auf Kosten des Magistrates und der Gemeinde.

1860 Errichtung einer Buchdruckerei und Buchhandlung.

1860 1. August. Verkehrsübergabe der Eisenbahn von Rosenheim nach Salzburg.

1860 12. August. Feierliche Eröffnung der Münchener-Salzburger-Bahn durch Ihre Majestäten den Kaiser Franz Joseph I. von Oesterreich und König Maximilian II. von Bayern.

1860 2. September. Feier des 50jährigen Bestehens der kgl. Saline.

1860 17. Dezember. Verleihung der silbernen Civilverdienstmedaille durch Se. Majestät König Max II. an den Landwehrhauptmann Franz Staudacher wegen zurückgelegter 50 Dienstjahre in der Linie und Landwehr.

1860 20. Oktober. Gründung des Turnvereines und der Feuerwehr.

1861 15., 16., 17. September. Abhaltung des ersten landwirthschaftlichen Bezirksfestes mit Industrie-Ausstellung.

1861 15. September. Fahnenweihe der Feuerwehr.

1862 Uebergabe der Krankenpflege an den Orden der armen Franzikanerinnen zu Pirmasens in der Pfalz.

1862 1. Juli. Errichtung eines k. Bezirksamtes zu Rosenheim für die k. Landgerichtsbezirke Aibling, Prien und Rosenheim.

1862 1. Juli. Rosenheim der Amtssitz eines k. Notars.

1862 1. Februar. Einführung der stillen Nachtwache.

1863 20. April. Verleihung der goldenen Civilverdienst-Medaille durch Se. Majestät den König Max II. an den ehemaligen Bürgermeister Johann Georg Rieder wegen seines lobenswerthen Wirkens im Gemeindeamte und seiner hervorragenden Verdienste um das Distrikts-Armenwesen.

1863 1. Mai. Berufung eines zweiten kgl. Notars nach Rosenheim.

1863 Ankauf einer zweiten starken Quelle Trinkwassers auf dem Schlossberge durch die Gemeinde.

1863 28. November. Einführung der Gasbeleuchtung.

1864 1. Januar. Gründung des Creditvereines.

1864 Juni. Beginn mit dem Baue einer eisernen Gitterfahrbrücke über den Inn.

1864 15. September. Erhebung des Marktes Rosenheim zur Stadt durch Se. Majestät den König Ludwig II.

1864 28. September. Feierliche Uebergabe der am 24. September eingetroffenen, Allerhöchst gezeichneten Urkunde der Stadterhebung durch den kgl. Bezirks-Amtmann Hrn. Franz Christoph an den Bürgermeister Hrn. Dr. Joseph Georg Rieder.

1864 30. September. Formation dreier Landwehrcompagnieen und ½ Escadron Landwehrcavalerie.

1864 September. Fundation der Kanalüberwölbung zum projectirten Schulhausbaue.

1864 12. Dezember. Höchstes kgl. Ministerial-Rescript, nach welchem die Stadt Rosenheim in die Verwaltungsform der Magistrate II. Classe eintreten und einen rechtskundigen Bürgermeister wählen darf.

1864 28. Dezember. Audienz einer Deputation (bestehend

aus dem Hrn. Bürgermeister Dr. Rieder und dem Vor-
stande des Gemeinde-Collegiums Hrn. Steinböck) bei
Sr. Majestät dem Könige Ludwig II. zur unterthänigsten
Dankeserstattung für die Allerhöchste Gnade der
Erhebung des Marktes Rosenheim zur Stadt.

1865 23. Januar. Gründung eines Gewerbvereines.

1865 26. Januar. Durch das Gemeindecollegium vorge-
nommene einstimmige Wahl eines rechtskundigen
Bürgermeisters in der Person des Hrn. Rechtsrathes
Friedrich Stoll von Ingolstadt.

1865 15. Februar. Beginn der Amtsthätigkeit des ersten
rechtskundigen Bürgermeisters zu Rosenheim durch
feierliche Amtseinweisung.

1865 April. Abbruch des Innthores und der Fleisch-
bänke, genehmigt durch höchste Ministerial - Entschliessung vom 11. März 1865.